アナトリアの風

考古学と国際貢献

Anadolu Rüzgarı-

Arkeolojinin Uluslararası Etkisi

大村幸弘

LITHON

目次

はじめに　7
第一章　文化編年の構築をめざして　13
第二章　発掘現場と労働者　103
第三章　アナトリア考古学研究所建設　142
第四章　カマン・カレホユック考古学博物館開館　179

目次

第五章　博物館の活動とフィールドコース　220
第六章　今後のアナトリア考古学研究所と
　　カマン・カレホユック考古学博物館　230
あとがき　250

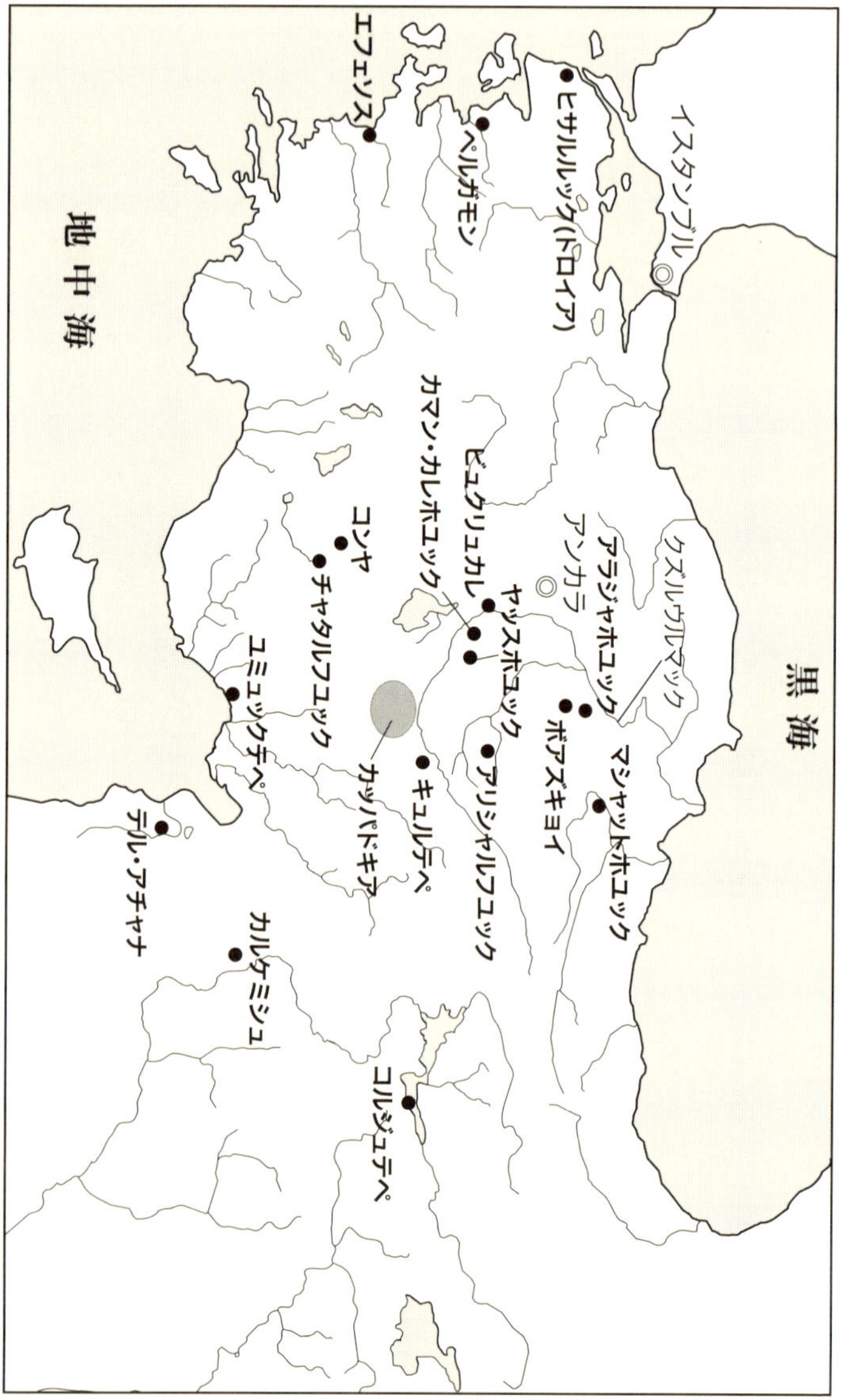
黒海
地中海
イスタンブル
ヒサルルック(トロイア)
ペルガモン
エフェソス
カマン・カレホユック
ビュクリュカレ
アンカラ
アラジャホユック
クズルウルマック
ヤッスホユック
コンヤ
チャタルフユック
ボアズキョイ
マシャットホユック
アリシャルフユック
キュルテペ
カッパドキア
ユミュックテペ
テル・アチャナ
カルケミシュ
コルジュテペ

はじめに

一九八五年、トルコ共和国のほぼ中央部に位置するカマン・カレホユック遺跡で考古学的予備調査を開始し、翌年の六月から本格的な発掘調査に入り、今日にいたっている。発掘調査が終了する秋口からは、中央アナトリアに点在するホユック（丘状の遺跡で多くの文化層が重層）を確認する作業をおこなっている。これまで少なくとも一五〇〇を超す遺跡を踏査したが、そのほとんどがこれまで一度も調査はなされていないものである。この地域だけで一五〇〇ともなると、アナトリア全体ではホユックなどの遺跡の数は優に数万は超すものと思う。

トルコのほぼ中央部には、東西を走る古代の道が何本

カマン・カレホユック遺跡

アナトリア高原

も通っている。南北を走る古代の道もある。その古代の道が交差する地点の北東に位置するのがカマン・カレホユック遺跡（以後カマン・カレホユックと表記）である。古代の道は東西、南北の文化をカマン・カレホユックという古代の都市に運び込んできた。そこを発掘すれば、いろいろな文化が見事なほど積み重なっていることがわかる。

トルコ共和国は、小アジアと呼ばれるアナトリア高原とヨーロッパ側に位置するトラキア平原からなっている。ホユックの多くは、アナトリア高原に数多く見ることができる。とくに南東アナトリアのシリア国境近くの、アンタクヤ、ウルファ、ガズィアンテップ、ディアルバクル、マルディン県には驚くほど無数に点在している。

カマン・カレホユックの発掘調査で確認した文化、つまり、新しい方からオスマン帝国、セルジューク朝、ビザンツ帝国、ローマ帝国、ヘレニズム時代を含む後期鉄器時代、中期鉄器時代、前期鉄器時代、後期青銅器時代のヒッタイト帝国、中期・後期青銅器時代のヒッタイト古王国、アッシリア商業植民地、前期青銅器時代の印欧語族の侵攻時の文化、さらに下層へいくと南東ヨーロッパの文化など、世界史を書き上げる上ではどれ一つとして欠かすことのできない文化が堆積している。ある意味では、中央アナトリアは世界史の変遷をとらえる最適の場所の一つなのかもしれない。このような文化の堆積を一枚一枚剝ぐようにしながらカマン・カレホユックの発掘調査は進んでいる。この作業を、私は「文化編年の構築」と呼んでいる。換言すれば、それは「年表作り」のことである。

この作業にはかなりの時間と資金が必要となるが、安定した「年表」なくしては、歴史を語ることはできない。ただ、残念なことに長期間にわたる世界史の「年表作り」に日本は一度として関わってきたことはない。これまでわれわれが使ってきた世界史の「年表」は、欧米が作成してきたものであり、そこに日本が関わった痕跡はほとんど認めれない。欧米が築き上げた「年表」には、かなりの修正を必要とするところもある。再度構築しなければならない箇所もある。

そのような修正、再構築をカマン・カレホユックで一気に是正しようと思ってもいない。一つの遺跡だけでは到底無理なことである。とくに、世界史の中でも古代中近東世界の「年表」は、欧米が十九世紀後半から二十世紀前半にかけて構築したものが多く、研究者はそれらを使いながらいまでも研究をつづけているし、再考を目論んでいる発掘調査もある。欧米が中心となりこれまで作り上げた「年表」に対してカマン・カレホユックの発掘調査で構築した「文化編年」が、少しでも貢献できればと思っている。

それを継続していくには、一過性のキャンプではなかなか難しい問題点がある。その一つが、出土遺物の保管の問題である。トルコの文化財法では、出土遺物を発掘現場に最も近い博物館に納めることが決められており、一九八〇年代以降はそれがさらに厳格化してきている。発掘現場で数多くの遺物が出土し、それを整理、考察しながら新たなる理論を生み出すにはそれ相応の時間が必要である。

現在、アナトリアで調査をおこなっている欧米の研究体制は、発掘、遺物整理、報告用の遺物の実測、撮影をし、それらの作業が終わったところで、すべての出土遺物を遺跡にもっとも近い博物館に納め、本来の研究は本国へ帰っておこなうのが一般的である。そして翌年にはトルコの考古局から遺物研究のための許可を取得し、博物館で観察しながら研究を進めるのがごくありふれた研究方法である。

この方法にも、大きな問題点が三つある。一つは、発掘調査が終わったあとにゆっくり遺物を観察する時間が乏しいということである。本国に帰ってから遺物の写真、実測図を観察しながら考察することは当然であるが、実物のないところでの研究にはかなりのハンディキャップがある。現場で感じていた熱気をもう一度呼び起こすことはなかなか大変なことである。二つ目の問題点は、一度博物館に納めた遺物を借り出すのは手続き上極めて難しいことである。自ずと博物館での作業となるが、これには調査許可が必要となり、許可取得にはそれなりの時間が費やされてしまう。三つ目は、既述したように博物館へ納めた遺物以外の遺物の保管の問題である。博物館は展示可能な遺物は受け入れてくれるが、そのほかのものは収蔵庫の受け入れ能力の問題から、廃棄せざるを得ない状況になる。ただ、一般的に廃棄となる遺物の中に、新たなる理論を生み出すだけの価値ある資料が大量に含まれていることを忘れてはならない。

このような問題点をクリアするためには、発掘現場のそばに研究所を建設する必要があった。それが本書で取り上げたアナトリア考古学研究所である。この研究所の設立目的は、それまで欧米がおこなってきた研究体制とはまったく違うものを築くことであり、前例がなかっただけに完成までかなりの紆余曲折があった。そして、遺物を整理し、研究が一段落したところで、それらを公開するための博物館を建設する必要があった。というのは、カマン・カレホユックでの発掘調査を開始した当初、東洋の島国日本からわざわざアナトリアの遺跡を発掘するためにやってきた背景には、何か目的があるはずである、と現地のトルコ人の誰もが思ったようである。彼らにいわせるとその目的とは「黄金」と考えたようだ。いかに私が「文化編年の構築」などといってもだれにも理解などしてもらえなかった、否、理解しようとしなかった、といったほうが正しい。

これにはかなり手を焼いてしまった。彼らが発掘調査で出土したものを見ることによって理解してもらうのが一番良いのではないかと考えた。カマン・カレホユック考古学博物館構想は、研究所構想とともに推し進め、二〇一〇年にやっと完成に漕ぎ着けることができた。そして、これらのプロジェクトの前に、一九九三年の九月、現在あるアナトリア考古学研究所、カマン・カレホユック考古学博物館のそばに三笠宮記念庭園を開園したが、これには、研究所、博物館の建設以上の難しさがあった。これに関しては後述するが、いずれにしても三プロジェクトが完了し現在にいたっている。

これらのプロジェクトは、三笠宮崇仁親王殿下、そして寛仁親王殿下が陣頭指揮を取ってくださったお陰でできあがったものであること、そして出光興産株式会社の名誉会長で出光美術館館長の出光昭介氏（以後、出光美術館館長と表記）の全面的援助があったからこそ、ここまで辿りつくことができたのではないかと思う。一九九三年に完成した三笠宮記念庭園は、現在では毎年八万人を超す来園者でおおいに賑わっている。

本書では、なぜ、三笠宮記念庭園、アナトリア考古学研究所、そしてカマン・カレホユック考古学博物館の建設をおこなったのか、そして今後これらの施設をどのように運営していくかを述べてみたいと思う。今考えてみるとこれらのプロジェクトを進める上で常に不安が付きまとっていたし、今もその不安は消えたわけではない。これらのプロジェクトによって、考古学が、そして発掘調査が社会に対してどのような貢献ができるかを常に考え続けてきたつもりである。そして気がつくといつの間にか三十二年の歳月が過ぎていた。

今後もアナトリア考古学研究所として社会に対して一体何がお返しできるかを考えながら、一歩でも前を目指して歩んでいきたいと考えている。

第一章　文化編年の構築をめざして

初めてカマン・カレホユックを訪ねる

一九八五年、三月十五日、私はトルコの首都アンカラから車でカマン・カレホユックへ向かった。数日前に降った雪が、アナトリア高原をおおっていた。真っ白な高原がどこまでも続いている。車が通過したためか、一本の黒いアスファルト道路だけがくっきりと見えた。

これからどの遺跡の発掘調査をおこなうかについては、前年度からアナトリア考古学の第一人者であるタフスィン・オズギュッチ教授(元アンカラ大学学長、キュルテペ発掘調査隊長。以後オズギュッチ先生と表記)に何度となく相談に乗っていただいていた。

タフスィン・オズギュッチ教授

三笠宮崇仁親王殿下による庭園開園式

最終的にオズギュッチ先生から中近東文化センターの総裁の三笠宮崇仁親王殿下に、ぜひ発掘調査をおこなって頂きたいと強い要望が出されたのが、カマン・カレホユック（カマンは遺跡の西約三キロにあるカマン郡の中心都市。カレは城塞、ホユックは遺丘を意味する。「カマンの近くにある城塞の形をした遺丘」とでも訳すことができよう）だった。

その決定がなされたのち、私はこの遺跡を訪ねることにした。アンカラから東へ約一時間車を走らせたところでクルックカレの町に入った。クルックカレで黒海へ抜ける街道とイランへ通じる街道に分かれる。イランへ通じる街道を使い、クルシェヒルの町へと車を走らせた。冬空に直立し、一枚の葉も残していないポプラ並木が続いていた。クルシェヒルへあと二十五キロのところで右手の道をとった。アンカラの方へ少し戻る形である。カマンへ二十七キロと記された案内板が立っている。そこから二十分程でカマン・カレホユックが見えてきた。遺跡は、カマンの町の東約三キロに位置する、人口二〇〇〇人ほどのチャウルカン村のはずれにあった。

カマン・カレホユックは、三月中旬というのにすっぽりと雪におおわれていた。身も切られるような冷たい風がアナトリア高原を吹き荒れていた。台形状の遺跡のまわりには家も何もなかった。遺跡の高さは十五メートル以上あるだろうか。遺跡の上に上がってみることにした。遺跡の斜面にはそれほど雪は積もっていなかった。風で雪が吹き飛ばされたのだろう。遺跡の地肌が見えるところさえあった。そこには土器片がいくつも転がっていた。カマン・カレホユックの頂上部は広々とした平地だった。はるか彼方に村が見えた。何一つ物音がしない。真っ白な高原はあまりにもまばゆく静かだった。

遺丘に眠る五五〇〇年の文化

日本での交渉ごとやトルコでの発掘申請手続きに数カ月を要し、カマン・カレホユックの予備調査に入ったのは、一九八五年、七月二十七日のことである。この調査は本格的な発掘に入る前に、遺跡に関するおおよその情報を得る

雪に覆われたカマン・カレホユック

ためだった。

目的は三つあった。一つは地形測量図を作成すること、二つ目は遺跡に散らばっている考古遺物をすべて採集し、時代別に分類すること、三つ目はヘリウムガスを充填した気球にカメラを搭載し、上空から遺跡を撮影することであった。

アナトリアの遺跡はなぜ、「丘」状になっているのだろうか。アナトリアの家屋の建材は、主に石や日干しレンガである。世代が交代すると、つぎの代の人々は、前の住居を解体して地ならしをする。その際に地面が薄く盛りあがる。その上にまた新しい住まいを建てる。ただ、同じ場所に住居を建てる背景には側に水源地があることが絶対的条件である。

異民族などの攻撃を受ければ、火災が起きたり、破壊されたりして、集落は壊滅するが、またつぎの住民が同じ場所を地ならしをして住居を建てる。このような繰り返しで、次第に遺跡が丘状になるのである。日本の場合は、温暖で湿潤な上、朽ちやすい木材や紙を建材に用いているので遺丘にはなりにくい。ちなみに、アナトリア高原は、夏は暑くて雨が少なく、冬は寒くて雪が多い。寒暖の差が激しい地でもある。

一九八五年の予備調査では、最初に遺跡全体の測量をおこなった。その結果、遺丘はほぼ円形で直径二八〇メートル、高さ十六メートル、上部は平坦で断面は台形になっていることがわかった。北側斜面はかなり急勾配、南側斜面はゆるやかであることもわかった。南側の斜面の麓には、ポプラやヤナギの樹木が列をなし、東西に走る道が長く伸びているのが見えた。オズギュッチ先生がいうところの「古代の道」で、村人からは「ギョチ・ヨル（移動路）」、または「イペック・ヨル（絹の道）」と呼ばれていた。後にこの道をたどると、二十五から三十キロおきに遺跡を確認することができた。カマン・カレホユックの東西の裾には南北に走る木立がある。このグリーンベルトの地下には伏流水が流れていて、カマン・カレホユックの遺丘に住んでいた人々も、それを使って生活をしていたと考えられる。

つぎに土器片等の遺物の採集にとりかかった。遺跡全体とその周辺に五メートル×五メートルのグリッド（マス目）を三六〇〇個組み、地表面に転がっている遺物をくまなく拾い集めた。遺跡に含まれている文化層を推測するための作業である。

カマン・カレホユック（北側より）

東西に走る道

グリッド（マス目）を組み表採作業

なぜ、地下の様相がわかるのか。ある世代の人々が住居をつくるときに地面を掘り返したり、貯蔵用の坑

を掘ったりすることで下に埋まっていたものが表面にあがってくる。次の世代の人々の場合も同様で、この営みが繰り返されるため、遺丘の最上部にまで、本来下に埋まっているはずの遺物があがってくるのである。そのため、表面には紀元前の青銅器と最近落とした携帯電話が並ぶことになる。とはいえ、古い遺物が上にあがる割合は表面に近いほど減る。それを勘案したうえで、遺丘の下に埋まっている文化を判断するのである。

このときは七人の隊員と長期雇用の労働者五人で作業を進め、表採の際には一時的に四十人の労働者を採用した。この年の労働者の採用は村長に一任したが、村長の親族と村長支持者ばかりであることが後でわかり、翌年の第一次調査から公募にきりかえた。第二次発掘調査からは、後述する今日のような公募体制が固まった。

遺物の採集にはかなりの時間を費やした。集めた遺物は約二十四万点におよんだ。そのうち一割を時代別に分類した。その結果、ここにはおよそ五五〇〇年の文化が眠っていることが明らかとなった。この結果をもとに翌年、本格的調査に入った。

発掘調査の目的の設定

発掘調査遺跡の選定でもオズギュッチ先生に全面的な協力をあおいだ。私がいくつかの遺跡を候補として提案しても、なかなか承諾して下さらなかった。いま考えると、すでにその時点で先生の気持ちの中には、カマン・カレホユックがあったのかもしれない。オズギュッチ先生は、カイセリ近郊にあるキュルテペ（キュルは灰、テペは丘、「灰の丘」を意味する。遺丘は、灰が含まれていることもあり遠方からは多少黒みがかって見える）で発掘調査をおこなっていた。

「カマンはアンカラとキュルテペの間にあるから、キュルテペへの行き帰りにオオムラのことをコントロールできるからな」

先生が冗談まじりにおっしゃったことを懐かしく思い出す。

カマン・カレホユックの発掘調査にあたって、先生と調査目的について話したことがあった。私がいろいろな話をしているうちに、驚いたことに先生の顔が紅潮してきた。

「調査目的など、もつ必要はない」

その一言だった。この発言に私はとまどってしまった。問答無用だった。目的のない調査などどこにもない。目的もなく発掘ができるわけがない、と思った。それから、どれだけ先生と話し合ったことか。ふとしたはずみで、「文化編年の構築を調査目的としたい」と私が言ったとき、先生は本当に嬉しそうな顔つきになった。今振り返れば、先生は会話の中で、私をそこに追いつめていたのではないかと思うことがある。

「アナトリアの歴史の流れを一つの遺跡をとおして確認する必要がある。自分たちで一度一つの遺跡を表層から最下層まで掘りさげてはどうか」

先生からのアドバイスだった。

「日本人の手で数千年の歴史を表層から最下層まで掘り下げたことがあるのか」とも尋ねられた。よく考えてみると、いままで日本人でこのような無駄ともいえる長期にわたる発掘作業をおこなった研究者はいないし、これからも経済的に難しいかもしれない。あるいはまったく意味のないことだといわれてしまうかもしれない。

数千年の歴史が堆積している遺跡を丹念に掘り下げていくことは、欧米が十九世紀から二十世紀半ばにかけておこなってきた。それらを基に彼らは研究を進めてきている。先生から、「これからでも日本隊は遅くはない」と勧めていただいた。このやりとりで、「文化編年の構築」を発掘目的の中心にすることを決めた。私は地道な基礎研究を積みあげていきたいと考えていた。

「アナトリア考古学の研究者として生きていくつもりなら、しっかりとした軸を持たなければだめだ」

先生のこの言葉を今でも肝に銘じている。

「文化編年の構築」が考古学の基本の一つであり、それを獲得しないことには、何一つ論じることはできないという信念が先生にはあったのかもしれない。

先生はキュルテペの発掘調査の前に、イギリスのＬ・ウーリーがおこなったシリアの国境に近いテル・

アチャナ遺跡の発掘調査（一九三七～一九四九年）に参加している。そこでウーリーから「文化編年」の重要性をたたき込まれたのだという。先生は発掘現場でもそうだが、朝起きると、まずひげを剃る。この習慣はお亡くなりになるまで変わらなかった。それもウーリーの教えだったようだ。

文化編年の構築に挑戦

文化編年の構築は、アナトリア考古学ではいくつかの遺跡で試みられてきた。一九二七年から三二年にかけてアメリカのシカゴ大学のH・H・フォン・デル・オステンらが発掘調査をしたカマンの東北東約百四十キロに位置するアリシャルフユック、一九三二年から三八年にかけてアメリカのシンシナティ大学のC・W・ブレーゲンらがおこなったヒサルルック（トロイアかどうかは疑問。詳しくは拙著『トロイアの真実――アナトリアの発掘現場からシュリーマンの実像を踏査する』山川出版社、二〇一四年を参照）、一九三六年から三八年までイギリスのJ・ガルスタングがおこなったユミュクテペ、一九三七年から四九年にかけてイギリスのL・ウーリーがおこなったテル・アチャナの発掘調査なども文化編年の

ヒサルルック

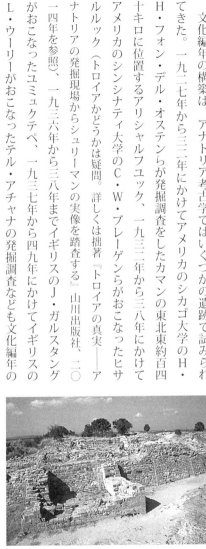

構築が主目的であった。そしてこの四遺跡が今日までのアナトリア考古学の先導的役割を果たしてきたことは否定できない。

しかし、この四つの文化編年だけでアナトリア考古学を語ることができないことは、発掘調査に関わっている研究者であれば、当然わかっていることだ。一九六〇年代の後半から七〇年代の半ばまで、東アナトリアで大規模な緊急発掘調査―ケバンプロジェクト―がおこなわれ、それまでのアリシャルフユック、ヒサルルック、ユミュクテペ、テル・アチャナなどの文化編年だけでは不十分であることがはっきりしてきた。ましてや発掘調査から半世紀以上たった四遺跡の文化編年にはかなりの歪みが出始めていることも事実である。さらには、アナトリアをメソポタミア世界の中に位置付けようとする傾向が、この緊急発掘調査を通して強くなってきたこともあった。オズギュッチ先生が、アナトリアの文化編年の再考察へと私を向かわせた理由が、そこにあったのではないかと思っている。

先生とアリシャルフユックの文化編年のいくつかの問題点について話したことはあるが、そのときも突然、先生が怒りだし戸惑ったことがある。

「君にアリシャルフユックの何がわかるというのか。どこが問題だというのか」

そのときも有無をいわせない怒り方だった。多少、冷静になった後、先生は次のようにおっしゃった。

「アリシャルフユックを発掘したのは、私の恩師なんだ。その当時は彼の発掘調査は正しかったんだ。まずそれを認めてから、話をしたほうがいい。他人の発掘調査の問題点をいちいちとりあげてどうするんだ。それより、自分で発掘調査をきっちりやることのほうが先決ではないかな」

その裏にはしっかり発掘調査をし、自信を持った「文化編年」を構築した後に、アリシャルフユックなど他の遺跡の調査について話すようにしなさい、ということだったのだと思う。机上ではなんとでもいえるが、それを振り回してもどうしようもない、と私に教えたかったのだろう。

「文化編年の構築」を掲げてすでに三十年を超す。日本の研究者仲間から、かなりの嘲笑を受けたこともあった。「何をいまさらそんな目的をあげるのか」という。「一世紀以上にわたって欧米が構築してきた文化編年を使えばいいではないか」という指摘である。確かに、それにも一理はある。欧米が莫大な時間と人材を投入して構築した文化編年をそのまま使用することは、楽といえば楽である。しかし、先に述べたように彼らが築いてきた文化編年にかなりの誤差が見えはじめているし、アナトリア考古学の問題点をあげたら切りがない。

「発掘をすれば、アナトリア考古学の問題点はいくらでも出てくる。それを丹念に一つずつ解決していけばいい。カマンだけで解決できなければ、ほかの遺跡の発掘調査隊と一緒に解決していけばいい」

これがおそらく、先生の本音だったのではないかと思う。

アタテュルクが育てた研究者の世代

オズギュッチ先生は、アタテュルク主義者だった。アタテュルク主義者とは、一九二三年にトルコ共和国を建国したムスタファ・ケマル・アタテュルク（アタテュルクはトルコの父の意）の考え方に心酔している人々をさす。初代大統領になったアタテュルクは、アラビア文字からローマ字への文字改革など様々な政策を進めたほか、政教分離を掲げて親欧米の外交政策をとった。

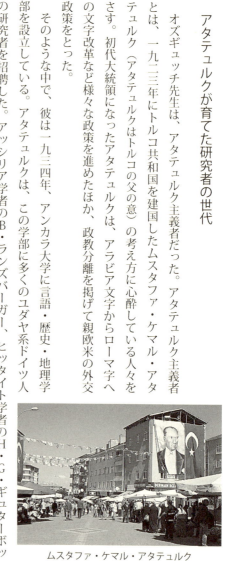

そのような中で、彼は一九三四年、アンカラ大学に言語・歴史・地理学部を設立している。アタテュルクは、この学部に多くのユダヤ系ドイツ人の研究者を招聘した。アッシリア学者のB・ランズバーガー、ヒッタイト学者のH・G・ギュターボック、考古学者のH・H・フォン・デル・オステン、美術史学者のK・O・ドーンらが教鞭をとった。現在でもこれらの研究者の論考の輝きが、鈍ることはない。こういった一流の研究者の中でオズギュッチ先生は学び、そこで教わったことを、しょっちゅう話してくださった。とくに、キュルテペへ向かう車の中では、次々と当時の話がでてきたものだ。

ムスタファ・ケマル・アタテュルク

学生時代には、アタテュルクに偶然出会ったことがあるそうだ。大学の前で友人と談笑していると、ア

タテュルクが車で通りがかった。そして、アタテュルクは車を止めて降りてきたという。そのときの驚きはなかったと先生は何度も話してくださった。

「書物をたくさん読みなさい。本を大切にしなさい」

アタテュルクはそう言って立ち去ったという。それ以来、先生は丁寧に本を読むようになり、ご自分の蔵書を大切にしてきたという。私自身も先生の蔵書には随分とお世話になった。本棚にびっしりと並んでいる蔵書には、いつも圧倒されたものだ。

ニメット・オズギュッチ先生

本棚のそばには、小さな机が一つ置かれていた。先生はこの机に向かって鉛筆で原稿を執筆されていた。一つの原稿を書き終えると、机の上はきれいに片づけられていて、作業が終わったことを物語っていた。オズギュッチ先生、そして夫人で同じく考古学者のニメット・オズギュッチ先生（以後、ニメット先生と表記）には欧米やトルコの研究者から献本や抜き刷りが沢山送られてくる。それだけでも貴重な資料になっている。オズギュッチ先生とアナトリア考古学について話していると、「その問題についてはだれだれが論じている」と丁寧に教えてくださったものだ。送られてくる論文については、ほとんど目を通されていたのだと思う。

先生のすべての蔵書と大量の抜き刷りは、二〇一一年、アナトリア考古学研究所の図書館に寄贈され、現在、多くの研究者に利用されている。

オズギュッチ先生とキュルテペ遺跡

オズギュッチ先生にキュルテペ（カマン・カレホユックのほぼ東南東約一六五キロに位置）の発掘調査を熱心に勧めたのは、ランズバーガー教授だったようだ。後にランズバーガー教授はアンカラ大学から、一九四八年、アメリカのシカゴ大学に移られたが、その前に何度もオズギュッチ先生にキュルテペの発掘調査をおこなうように薦めていたという。文献学者であるランズバーガー教授にとって、アッシリア商人のカールム（居留区）のあるキュルテペから出土する粘土板文書（二〇世紀初頭はカッパドキア文書と呼ばれていたが、現在ではキュルテペ文書と呼ばれている）はかけがえのないものだったに違い

オズギュッチ先生ご愛用の机（アナトリア考古学研究所図書館）

ない。

一九四八年にトルコ歴史協会の後援により、オズギュッチ先生はキュルテペの発掘調査をニメット先生と一緒に開始し、ほどなく見事に大量の粘土板文書を発見している。そのときの様子を話す教授の顔は何度みてもこちらのほうが嬉しくなるほど輝いていた。

「発見したときは、すぐにアンカラのランズバーガー先生に電報を打ったね。もう嬉しくてね。先生は飛んできてくれたんだ。それもすごいスピードの蒸気機関車で」

「アンカラからキュルテペまで何時間くらいかかったんですか」

「今みたいにバスで四時間ではない。そうだな、丸一日はかかった。それでも早いほうだったよ」

「当時はカイセリにホテルがあったんですか」

キュルテペ出土粘土板文書

「そんなものがあるわけがない。隊商宿のようなところがホテル代わりだったね。それとカイセリからキュルテペまでが車ではないんだ。ロバにまたがって三時間以上はかかったと思うね」

オズギュッチ先生は発掘調査のキャンプでは、まったくアルコールを口にしない。私がカマンのキャンプで時折飲んでいるのはご存じであるが、咎められたことは一度としてない。キュルテペのキャンプは半世紀以上にわたって禁酒である。その理由を先生にたずねたことがある。一九四八年に最初の粘土板が出土した際には、その晩にお祝いとしてワインを飲んだのだという。ところが、粘土板は次の日も、翌々日も出土、その結果としてワインを毎日飲まなければならなくなったというのである。これでは発掘調査ができなくなると思い、アルコールを全面的に禁止したとのことだった。

先生はそんな話を嬉々として聞かせてくださった。そして時折、時が経つのはあまりにも早すぎる、いくらあっても足りないくらいだ、ともいっておられた。

先生の名声を考古学の世界にさらに広めたのは、ヒッタイト帝国時代の主要遺跡の一つであるマシャットホユック（古代名タピッカ、あるいはタビッガ）の遺跡の発掘だった。一九七三年から始まった発掘調査では、ヒッタイト帝国の首都ボアズキョイ（古代名ハットゥシャ、報告書ではボアズキョイが一般的に使用されている。ここではボアズキョイと表記）にこそ数では劣るものの、宮殿址から百枚を超す粘土板を発見したことだった。これらの粘土板の解読は、ヒッタイト帝国の都と地方都市との関係を明らかにするうえで大きく貢献した。

ヒッタイト帝国の首都ボアズキョイ

擡頭するナショナリズム

一九七〇年代にはトルコの学術発掘調査は十を数える程度だったが、二〇一〇年代にはいると、緊急発掘調査も含めて優に三百を超えるようになった。地方には次々と総合大学が設置され、その多くには考古学科が開設されており、若手考古学者を数多く輩出している。若手研究者にとって、発掘現場をもつことは一つの夢である。以前は考古学科に所属している研究者であれば、発掘許可を取得することは比較的容易であったが、現在では少なくとも博士号を取得した上、准教授の資格をもっていないと難しい。トルコが高度成長すると同時に、緊急発掘調査も増加してきているものの、実際に発掘をおこなうことができる研究者は限られている。

また、トルコ経済が成長するにつれ、トルコ全体に頭をもたげてきたナショナリズムも考古学界に大きく影響を与えはじめている。つまり、欧米に発掘調査を任せることはない、自分たちだけで発掘をやっていこうとする考え方が、二十一世紀に入って一気に擡頭してきたことだ。以前に比べて外国の研究機関が発掘許可を取得することは極めて難しくなってきた背景には、このようなことが起因しているのかもしれない。

ゼロからキャンプ地を建設

発掘調査ではキャンプが必要不可欠である。トルコ、欧米の調査隊の多くは村の小学校、安宿、あるいは農家などを借りてキャンプを張る。水と電気が近くにあることが条件である。

一九八五年の予備調査をおこなった際は、キャンプ地もなく、チャウルカン村の村長の自宅を借りることにした。キャンプ地として営業をしていないチャイハネ（チャイはトルコティー、ハネは家の意。茶店とでも訳せるが、村では男性しか入れない）を紹介されたり、閉校した小学校はどうかといわれたりもした。村長はその後も無理やり私たちを自宅に泊めようとした。どうもわれわれのことを「金のなる木」とでも思っていたようだ。

結局、一九八五年から一九八六年にかけ村のコーラン学校を借りて、そこに最初のキャンプを張った。水も電気も風呂もない施設であり、一つ一つ解決しながら、進めていった。飲み水はかなり上乗せした価格で買わされたし、発掘機材や採集遺物を運ぶトラクターも積載量をかなり少なくして往復することで、とんでもない回数にのぼり法外な金額を請求された。この学校で発掘器材、そして博物館に納めた遺物以外の遺物―多くは土器片、獣骨片

コーラン学校

―の管理を一時的にはできたとしても、出土するすべての遺物を到底保管できるものではなかった。

一九八六年の第一次発掘調査終了後、クルシェヒル県知事の協力を得て、チャウルカン村のはずれの山裾の土地を永久貸与していただいた。しっかりとしたキャンプ地を用意することができたものの、コーラン学校と同様、道路も水道も電気も電話回線もない、無いないづくしのありさまだった。水は自分たちで井戸を掘り、電話回線も村から四キロも離れているカマンの町から自分たちで引かなければならなかった。それでも水不足に悩まされることがしばしばだった。

プレハブの収蔵庫

　そして、その後すぐに、現在のキャンプ地に遺物を管理するプレハブの収蔵庫を、八七年の春には、そのそばに同じくプレハブの生活棟を建設することができた。生活の場所ができたときは、飛び跳ねたいほど嬉しい気持ちになった。二〇〇一年、中央アナトリアは深刻な干ばつに襲われた。八月上旬、村のすべての井戸、泉がからからに干あがってしまった。発掘調査どころではなくなり、我々が掘った井戸の水を村にも分けて水飢饉をなんとか乗り切ったこともあった。

　われわれがキャンプを急いで建設した理由は、長期間の発掘調査をおこなう上で隊員の健康が第一と考えたことと、せっかく出土した遺物をきっちり管理できないのでは、発掘する意味がないのではないか、と考えたからである。

プレハブの生活棟

発掘調査は、例年、六月から九月までの約三〜四カ月間おこない、その後は中央アナトリアの遺跡を踏査する作業をおこなっている。カマン・カレホユックからの出土遺物も、土器片、獣骨、人骨、銅製品、青銅製品、鉄製品、銀製品、金製品、ガラス製品、土製品、木製品、石製品、骨角製品、粘土板、印章、封泥、種、花粉、炭化物など多岐にわたっている。

例年、おもな出土遺物は遺跡に近い考古学博物館に納めることが義務づけられているものの、博物館へ運ぶ遺物は展示の条件に叶うものが中心であり、それ以外のものは調査隊が管理するか、あるいは博物館の収蔵庫の一部を借りて保管する以外ない。博物館の展示条件に叶う遺物とは完全な形を保ったものが主体であり、土器片、人骨、獣骨となると相当に貴重なものでないかぎり、博物館が引き受けてくれることはない。

多くの調査隊は、発掘で出土した土器片の多くを廃棄することになる。せっかく発掘しておきながら、管理ができない。発掘当事者の研究に必要がないとして簡単に廃棄することになる。長年アナトリアの発掘調査に関わってきた者として納得できるものではなかったが、これがアナトリア考古学の発掘現場の現状なのである。

欧米のあとを追うことはない

これまでのアナトリア考古学の発掘調査は、十九世紀以来、欧米の研究者が中心となっておこなわれてきたといえよう。彼らの発掘の目的は、初期の段階では、必要な遺物だけを見つけだし本国へ持ち帰ることであった。現在では、遺物の国外持ち出しが禁止されているものの、いまだに学術的に何かめぼしいものだけを見つけようとする姿勢がないとはいえない。われわれの発掘調査も一つ間違えばそれを踏襲するところだった。しかし、オズギュッチ先生は、私がカマン・カレホユックで発掘調査を開始する際に、つぎのようなことをおっしゃった。

「カマンの遺跡を君に渡すわけではない。君は調査がうまく進むようにすればいいだけだ。君個人の問題意識を全面的に出すことはない。黙っていても問題はいくらでも出てくる。欧米のあとを追うことなど、さらさらない。彼らとはまったく違う方向性を打ち出すことを考えなさい」

この言葉は私にとってかなりの重荷であり、今でもそれを引きずっているといって過言ではない。「欧米のあとを追うことはない」と言われても、どうすれば良いのか、当時はさっぱりわからなかった。何かを手本にして進んでいるときは楽であるし、それほど苦労もない。しかし、手本がないとなると容易なことではない。「暗中模索」とは正しくこのことかもしれない。

欧米の研究者は、十九世紀からアナトリアで遺跡の発掘調査を続けている。トロイアといわれているヒサルルックの遺跡もそうであるし、エーゲ海沿岸に位置するエフェソス、ペルガモンもそうである。二十世紀に入って開始されたヒッタイト帝国の都ボアズキョイの調査もすでに百年を超す。彼らは膨大な資料をトルコからヨーロッパへ運びだしたが、それらを基に中近東考古学、エジプト学、シュメール学、ヒッタイト学、アッシリア学、ウラルトゥ学が生み出されたことは紛れもない事実である。彼らのあとを追うのでないとすれば、一体どうすればいいのだろうか。

発掘を開始するにあたって私がまず考えたことは、発掘の方法だった。欧米を中心とする従来の調査では完全な遺物、特殊な遺物、そして建築遺構を中心に研究を進めているのに対して、カマン・カレホユック発掘調査では、どの出土遺物も同等に扱うことにし、遺物を一点も廃棄しないことにした。その背景には私がそれまでいくつもの発掘隊に参加し、多くの遺物が捨て去られるのを目の当たりにしてきたことがあった。

すべての遺物に意味がある

それでは具体的にどのような発掘調査をするべきなのか、調査隊の中で討論が繰り返された。基本的な発掘方法の一つとしてふるい作業を徹底し、すべての遺物をとりあげてみようということになった。このため、最初は手作業によるふるい作業、そして次に電動のふるいも考案した。電動のふるいをみて、欧米の研究者が物珍しそうに写真を撮っていたのも、懐かしい思い出になっている。

　そして、もう一つ考えたことは、遺物を洗い、乾燥、整理、保管するための広大な場所を確保することであった。これらが「暗黒時代」解明の糸口を探し出す上で効果を発揮したことはいうまでもない。

　これまでのアナトリア考古学の発掘現場は、一研究者、あるいは限られた数人の研究者のためにあったようなものである。彼らの研究対象となる資料には格別の意味が与えられるが、研究対象ではないとなればほとんど無視される。つまり、出土した多くの遺物は、研究者の目にも止まらないまま廃棄されること

ふるい

電動のふるい

乾燥・整理・保管するための場所

もある。

　しかし、おそらく捨てられる可能性のある土器片から、歴史を大きく変えるだけの糸口をみつけることも十分にありえる。そのことを研究者は常に考えておくべきである。最終的に、遺物をすべて使える資料として残すことが重要であり、調査は一研究者のためのものではなく、遺跡とは、多くの研究者に資料を提供できる場であるべきではないか、という考えにいたった。

　この考えにたどりついたのは、一九八八年のことだったように思う。たどりついたのはいいが、それをどのように具体化するかが問題であった。最初に考えたのは、いくつかのプレハブの収蔵庫を建設し、出土遺物を整理することだった。そして日本のみならず欧米、トルコの研究者を招聘することであった。

　というのは、私がいかにこれまでアナトリア考古学の世界に長く関わってきたからといって、すべての問題を把握しているわけではない。一握りの問題点を知っているのみである。一研究者で解決できる問題の範囲には限界がある。カマン・カレホユックでも、私がとりあつかえる問題は限られている。どのように頑張ったとしても、いくつかの問題点を論じるだけである。

　カマン・カレホユックのような遺跡には、数十の都市が堆積しているし、そこには歴史を変えるような無数の鍵が間違いなく眠っている。それらを一人の力ですべて解決しようとしても、到底無理な話である。当然のこととして多くの専門家に委ねる必要がでてくる。しかし、それだけでも解決しない。かなりの時間を必要とする問題もあれば、共同研究が必要な場合もでてくる。とすれば、出土する遺物は、とにもかくにもきっちりと整理をしなければならないし、いつでも使えるようにしておく必要があると考えた。

第一次発掘調査開始

第一次発掘調査は、八人の日本人隊員と十七人の労働者とともに、一九八六年、六月十八日、八時十分に開始した。この日のことは、いまでも忘れることはない。

雲一つなく見事に晴れ渡ったすばらしい朝だった。車でキャンプから遺跡に向かう道は朝日に輝き、こぼれんばかりに実った黄金色の小麦と緑のポプラやヤナギが、ゆっくりと風に身をまかせていた。

前年の十月に播種された小麦が勢いよく伸び、小麦畑が緑色の世界から黄金色の世界へと変わる時期でもある。刈り入れは六月下旬から七月下旬、その刈り入れが終わりに差し掛かると、中央アナトリアは真夏を迎える。アナトリア高原が、刈り入れられた後は黄金色の波は消えてしまう。そして禁止されてはいるものの、夜陰に乗じて残された小麦の茎に火が放たれる。風が少しでもあると、その火は高原を走るように広

調査開始初日

がっていく。煌々と夜空を照らす野火は、アナトリア高原の風物詩の一つなのかもしれない。

発掘調査は隊員が主体になっておこなうが、村から採用する労働者の力を借りなければ、発掘は到底できない。発掘開始当日は、採用した労働者十七人全員がすでに現場に集まっており、必要な器材その他もすべて遺丘の上に運ばれていた。

発掘区は前日に設定しており、あとは鍬入れを待つばかりだった。発掘区とは、遺跡の地面を掘りさげる場合の基本単位で、正方形のマス目からなっており、大きさは十メートル×十メートル。その一つ一つに、Ⅰ区、Ⅱ区、Ⅲ区……と順番に番号をつけていく。一つの発掘区の中にはさらに小さな五メートル×五メートルの発掘区を四つ設けた。

現在では北区が三十六区、南区が五十五区までに広がっているが、最初は一区だけだった。この中に労働者が入り、発掘が始まった。ツルハシ、スコップ、遺物を入れる木箱、発掘区のナンバーを示す木杭などすべて新しいものずくめのスタートだった。

夢ふくらむ発掘調査開始、といいたいところだが、このときの私はしだいに高まりつつあった不安が最高潮に達していた。「何も出てこなかったらどうしようか」、「ここが遺跡ではなく、ただの丘だったらどうしようか」と本気で不安にかられていた。前年の予備調査である程度の目安はついているのだから、そんなことはあるはずもないし、あってはならないのだが、不安はつのるばかりだった。

オズギュッチ先生のご好意に対して、一定の成果を出して報いたい気持ちもあった。もちろんのこと、中近東文化センターの理事会で発掘調査費用などの協力をとりつけた手前もある。とにかく、私にとってこの発掘は一世一代の大仕事であり、ひとたび選定したとなると、その選定がたとえ間違っていたとしても、そう易々と引き返すことができるものではなかった。

最初に鍬を入れるときには細心の注意をはらった。アナトリアの真ん中に位置しているカマン・カレホユックの遺丘に鍬を入れることは、どこか欧米やトルコの研究者に凝視されているような気がした。まったくそんなことはないのだが、私にはそう思えた。中央アナトリアで発掘調査をおこなっているのはドイツ、アメリカ、イギリス、フランス、イタリア、そしてトルコの調査隊である。その中にはじめて日本の発掘調査隊が入るのであるから、どこか監視されているような気がしたものだ。

発掘を開始してから一時間もしないうちに、第I層であるオスマン時代の遺物が次々と出土しはじめた。しかし、それまでの時間が私にはとにかく長く感じた。その後、建築遺構が姿をあらわしても、それは瓦礫の山のように見え、いったい何を掘っているのか正直いってよくわからなかった。気持ちが集中できず浮き足だってしまい、頭が混乱していたのだろう。

まがりなりにも「れっきとした一つの遺跡」を発掘しているという実感が湧いたのは、発掘区の脇に設けた撮影用のやぐらに隊員の一人が上ったときだった。出土し始めた遺構を見下ろして、私に向かって叫んだ。

「大村さん、東西に壁が走っています。きれいに一列に並んでいますよ」

遺構というものは、至近距離では何も見えないことがある。ある程度離れてはじめて全体像が見えてくる。そんなことすらすっかり忘れていた。この時にようやく、ほっと安堵したことを覚えている。

発掘区を広く開ける

第一次発掘調査を始めてまもなく、オズギュッチ先生がキュルテペに向かう途中で、カマン・カレホユックを訪ねてくださった。十平方メートルの発掘区を二つ開けたところだった。

「発掘自体はこれでいいが、もっと大きく開けないとどうしようもない。この程度の発掘調査では、古代の町が見えるはずもない」

先生は発掘区を見てきっぱりいわれた。初めて開ける発掘調査であるから慎重になっていたのは当然だと思う

建築遺構

が、慎重になりすぎていたようだ。
というか、じつのところ、私は発掘区を広げることに躊躇していたのである。なぜなら、十平方メートルの発掘区から、土器の破片だけでも数百点から数千点も出土する。発掘区を三区にすれば三倍、十区にすれば十倍の遺物が出ることになる。その数と種類の多さに惑わされることになる。しかし、結果的には思い切って発掘区を広げて正解だった。確かに遺物の総量は増えたが、遺物の比率や傾向がかえって明確になり、遺構全体もよく見えるようになった。

その後、少しずつ発掘区も広がり、現在では、北区と南区と合わせて発掘区は九十二を超している。二〇〇〇年頃になってはじめて先生は、「だいぶ古代の町が見えはじ

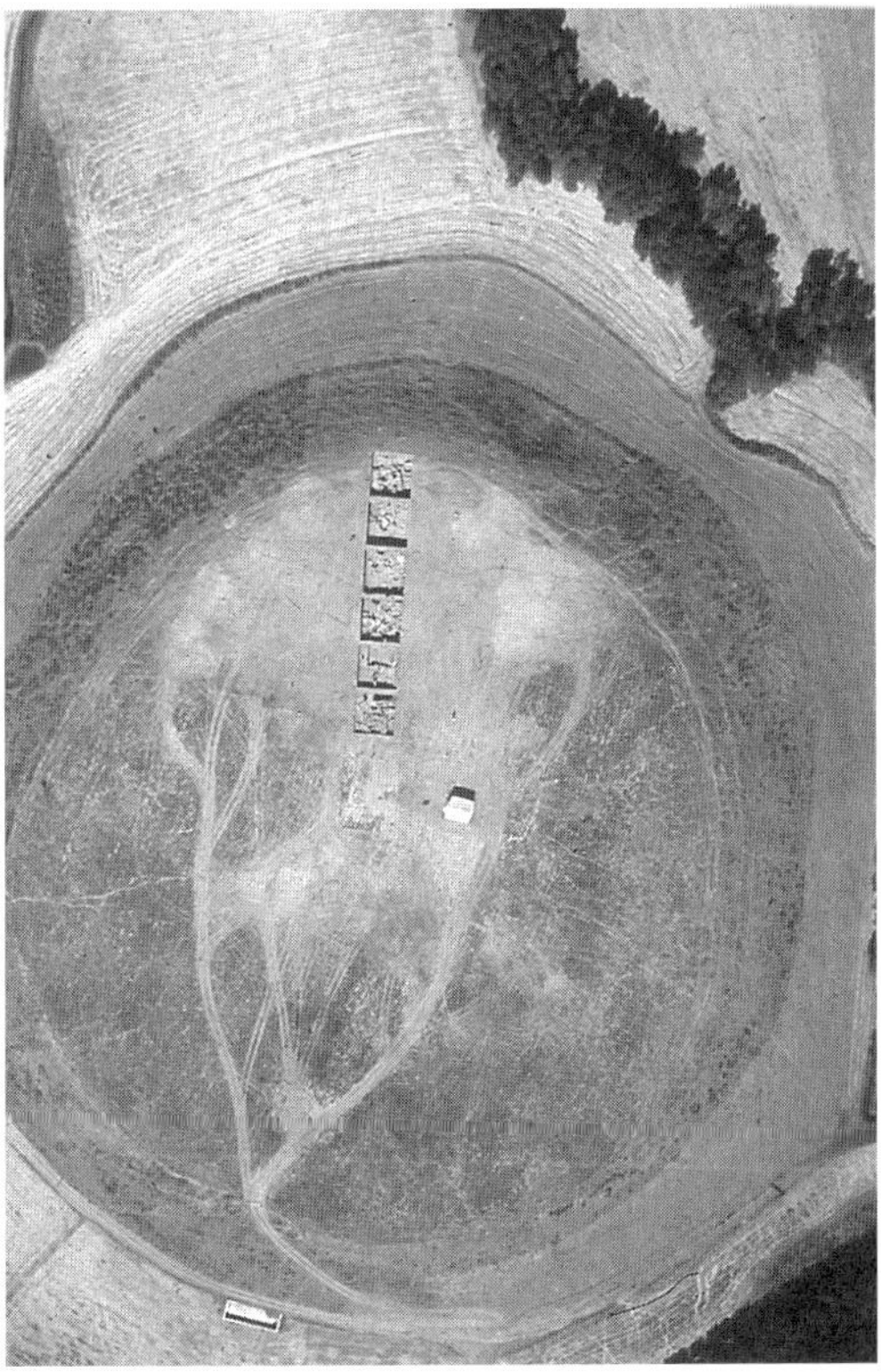

カマン・カレホユック遺跡の発掘区（1986 年）

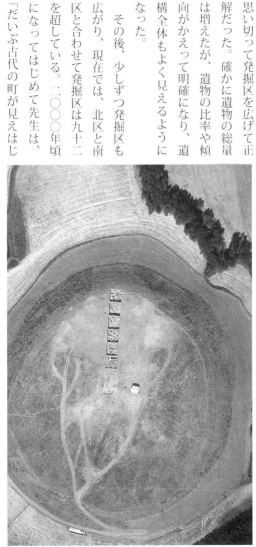

めてきたな」とおっしゃってくださった。ヒッタイト古王国から帝国時代にかけての大形建築遺構にしても、アッシリア商業植民地時代にしても、ある程度広く発掘区を開けて全体像が見えてきたといえる。そして、発掘を開始してから三十年以上経ってみると、オズギュッチ先生が発掘区を広くとり調査を進めるように、とおっしゃったことが理解できるようになった。

トラブルに見舞われる

この第一次発掘調査中に、隊員のほとんどが赤痢にかかった。これはキャンプの水が原因だった。体力の消耗とストレスで、ほんの数メートルを歩くことさえ困難なときもあった。そんな中で、発掘調査を進めるのは大変だった。しかし、幸いにも大事にいたらずにすんだが、ちゃんとしたキャンプを持たなくては、と痛切に感じた。

トルコに留学してから付き合いのあるトルコ人をマネージャーとして採用したが、金銭をめぐって全く気がつかないままだまされ続けていた。覚悟はしていたものの、兵站づくりの難しさを痛感した。このままでは第一次発掘調査で終わりになると思った。戦わないで終わりそうだった。みっともないというか、なんのためにやっているのか、情けない気持ちになったものである。

欧米の発掘調査を見ていると、ほとんどが一方的に労働者を押さえ込むやり方である。学生時代に参加していたいくつかの調査隊でも、何か発掘現場でトラブルがあれば直ぐに労働者を解雇する姿勢が目立った。「あいつは目つきが悪い」というような、全く理由にもならないようなことで、労働者を馘首《かくしゅ》していた。

発掘調査は突き詰めればすべてが「人次第」であり、人間関係が上手くいかなければ、絶対に成果はあがらない。「ちゃんと条件を明示して採用しよう」というと、調査隊の中でも笑われた。査察官（後述）には「そんなやり方では労働者になめられるぞ」といわれた。

ものの見事に、第二次発掘調査では、トラブルが起きた。思えば、まだ、村人との信頼関係を築けていなかったのだろう。「村には村の掟がある。俺たちの好きなようにやらせろ。そうでなければ働かない」というわけで、発掘調査をボイコットされた。私の味方になったのは労働者の中で三人だけだった。その他の七十人近くの労働者全員が仕事を放棄した。全員解雇をして、再募集する以外道は残されていなかった。ストライキのあいだの労賃は保証したが、妥協して労賃をあげることはしなかった。このつば迫り合いのときは、さすがに眠れない日々が続いた。

結局、一週間ほどで解決したのだが、これを契機に、私の労働者に対する考え方が一変した。労働者を単なる労働者として見るのではなく、彼らのもっている能力をどのようにして引きだすかがポイントだと考えるようになった。

ネーヴェ博士の発掘調査のやり方

このような思案をしているときにもっとも参考にしたのが、ヒッタイト帝国の都、ボアズキョイ発掘調査隊長のＰ・ネーヴェ博士が、発掘地の側の村から採用している労働者に対する接し方だった。

ボアズキョイは前十五〜十三世紀に最盛期を迎えたヒッタイト帝国の都で、カマンの北東およそ一三〇キロに位置し、車で二時間ほどのところにある。一九〇六年、ドイツ人のアッシリア学者Ｈ・ヴィンクラーによって発掘調査が開始された遺跡だ。第一次世界大戦、第二次世界大戦の混乱時を除いて、毎年、こつこつと発掘調査がおこなわれている。

初代隊長は、Ｔ・マクリディと一緒に発掘を開始したＨ・ヴィンクラー、二代目がＯ・プシュタイン、三代目がＫ・ビッテル、四代目がＰ・ネーヴェ、五代目がＪ・ゼーア、そして現在は六代目の隊長としてＡ・シャフナーが調査をおこなっている。なんと、発掘は百十年も連綿とドイツ人の手で進められていることになる。

私は三代目のビッテル教授の時代に、はじめてボアズキョイを訪れた

T. マクリディ

H. ヴィンクラー

P. ネーヴェ

O. プシュタイン

K. ビッテル

が、一番よく付き合ってもらったのが、ネーヴェ博士だった。学会などで親しく話をしてくれたものである。学生の私は、ここで発掘調査に参加してみたかったが、いざ現場に参加するとなるとまったく違っていた。私の実力がなかったこともあるのだろう。博士からは、ついに一度としてボアズキョイへの参加を認めてもらえることはなかった。発掘現場での彼は半ズボン姿で、いつも楽しそうに歩いていた。

　引退したあとベルリンで報告書を執筆していると風の便りで聴いてはいたが、二〇一一年、七月にお亡くなりになった。私にとってアナトリア考古学の先輩の一人であったし、ネーヴェ博士の後ろ姿を見ながら歩いてきたようなものである。

A. シャフナー

J. ゼーア

彼がカマン・カレホユックのキャンプになんの連絡もなく、突然、訪ねてきてくれたときは本当に驚いた。というのは、学会で会っても一度としてカマンを訪ねたいと言ったこともなかったし、それほどわれわれの発掘調査に興味をもっているようには見えなかったからである。

ネーヴェ博士は私を見るなり、「連絡をせず申しわけない」と平謝りに謝った。彼の訪問は不意打ちだったが、訪ねてきてくれたことは、本当に嬉しかった。カマン・カレホユックの発掘調査を開始し、それなりの成果を学会でも発表していたものの、欧米の研究者から見ると、カマン・カレホユックはアナトリア考古学の中では雛に近いものだった。ところが、そんな雛のところに一世紀にわたる発掘調査をおこなっている調査隊の隊長が訪問してくれたのだ。私は緊張しながらも遺跡を案内し、出土した遺物を見ていただいた。

このときネーヴェ博士が連れてきた隊員を見て、目を疑った。隊員を七人引き連れてきたが、その中でドイツ人はわずか一人、あとはボアズキョイ村のトルコ人だった。それはなぜなのかと博士にたずねると、「それはいつものことだ」という。つまり、例年の調査で数人のドイツ人隊員はいるものの、実際に作業の主力になるのはボアズキョイの村で採用した労働者だという。さらに注目すべきは、出土した建築遺構を、徹底的にトレーニングした村の労働者に実測させているとのことだった。

なぜ、労働者に重きをおいているのかを尋ねた。答えは簡単だった。「ボアズキョイ村から絶対に離れない人材がほしかった」というのである。実に明瞭なものだった。ネーヴェ博士は、ドイツの研究者は自分の研究が終わるとさっさと本国に帰るが、ボアズキョイの人なら一生村にいてくれる、といいたかったのだろう。

ムスタファ・アービの思い出から

労働者のボイコットにあったとき、私をいちばん助けてくれたのは、ムスタファ・アービ（アービは兄さん、兄貴とでも訳せるのだろうか。目上の人と親しくなると、このアービを名前の後ろにつけて呼ぶことが多い）だった。毎日のように労働者との交渉にあたってくれた。

「オオムラさん、そろそろ彼らは音をあげてくるから待っていた方がいい」

ムスタファ・アービからは毎日のように報告があった。

ムスタファ・アービとの出会いは偶然だった。一九八四年、トルコ文明展（日本では、一九八五年、東京の出光美術館を皮切りに大阪、福岡で開催）に関する会議がアナトリア文明博物館

ムスタファ・アービ（右）

であった。これからの作業をおこなう上では、どうしても車や撮影のスタッフが必要だということになった。会議後、アンカラの下町・ウルスでタクシーを拾ってアパートに戻った。そのときの運転手がメフメットで、その兄がムスタファ・アービだった。まさか運転手のメフメットを通してムスタファ・アービと出会えるとはまったく予想もしていなかった。

タクシーの運転手をしていたメフメットは、実におだやかな話し方で、言葉使いが丁寧だった。それが印象に残った。次の日も偶然に、メフメットのタクシーに乗った。思い切って、彼に車の話を持ちかけてみた。今もって不思議でならないのだが、これが幸運とでもいうのだろうか。メフメットに車のことをたずねると、ウルスと近郊のイェニマハレを結ぶドルムシュ（乗合バス）を兄弟でもっているという。翌日、メフメットからいわれたのだろう。ムスタファ・アービがその車を博物館まで運んできた。車体が少し傾いている代物だったが、十人以上は乗れる。

チャクル家の兄弟の中でメフメットだけが高等教育を受けていた。短大を卒業していたが、その理由がふるっていた。家族の中で、一人だけでもきちんと読み書きができないと、アンカラではやっていけないのではないか、と考えた

メフメット（左）

アナトリア文明博物館

のだという。現在では、トルコの識字率は九十五％を超えるものの、八十代以上のトルコ人の中には、ほとんど読み書きができない者もいる。銀行などでサインが必要な場合は、拇印で処理しているのを時折目にする。

このようにして、メフメットにトルコ文明展の撮影作業を手伝ってもらうことになり、ムスタファ・アービとも知り合いになった。メフメットは、トルコ文明展のあとはアンカラにある日本の商事会社の仕事をしていたようだ。

第一次発掘調査のとき、きちんと背広を着たメフメットが私を訪ねてきた。「日本の商事会社の仕事も終わりまして」という。何か仕事はないか、という意味だろう。これも偶然といえば偶然なことだった。第一次発掘調査で赤痢などに苦しめられていたこともあり、長く発掘調査ができるようなキャンプを作りたいと思っていた矢先であった。そうだ、キャンプづくりのできる人はいないかをメフメットにたずねてみよう。

タクシーの運転手にそんなことを頼むこと自体が危なっかしいことである。ただ、私はメフメットなら間違いなく信頼できるだれかを紹介してくれるのではないかと思った。騙されるのであれば騙されてもいいと思った。彼なら私を騙すわけがない。信じてみようと思った。ただそれだけだった。

「オオムラさん、それなら、うちの兄貴がやれるよ」

その兄貴というのがムスタファ・アービであり、彼には「トルコ文明展」の準備の際に一度会っていた。

翌日、私はキャンプを張る場所に向かった。水も電気も何にもない場所に、百キロを超すがっちりした体格のムスタファ・アービが、私より一足早く到着していた。テントをたてて、私がやって来るのを待っていた。

ムスタファ・アービに、「まず、収蔵庫を作りたい」というと、早速、トルコ側から永久貸与された土地を丹念に回りはじめ、収蔵庫を建設する場所を探しはじめた。自分が泊まるテントはしっかりと張っている。これは真剣だなと思った。

そして、翌日からメフメットは、収蔵庫用のプレハブ探しに取りかかっていた。たまたまアンカラにヒルトンホテルが建築中で、工事に使うプレハブが現場にあった。プレハブにはアイテミズレルなる会社の名前と電話番号の記された小さなプレートが貼りつけてあった。

「オオムラさんもプレハブの会社に一緒に行ってくれ」

翌日、その会社をメフメットと一緒にたずねたところ、トルコで初めてプレハブを手がけた会社だった。しかも、幸運なことに、プレハブ会社のオーナーは学生時代にニメット先生に師事していたというのである。アンカラ大学の考古学科卒となるとわれわれの仲間である。そんなこともあり驚くほど話はすん

収蔵庫の建設

なりと進んだ。「なんだ、いってくれれば、すぐにやるのに」と即座にとりかかってくれた。

こうして、一九八六年の第一次発掘調査が終了した秋口に収蔵庫の建設が始まったのである。

ムスタファ・アービの生い立ち

ムスタファ・アービが生い立ちを話してくれたことがあった。村からアンカラに出てきたときは、身を寄せるところもなく、モスクの軒下で雨露をしのいでいたという。その恩返しにモスクにお祈りにきた人たちの靴をていねいに並べたりしていた。なんとか生活するために、とある八百屋に飛び込んだそうだ。そして、「モスクの前で野菜を売らせてくれ」と頼んだというから、彼もなかなかの度胸だ。八百屋もさすがで、この申し出を了解した。売り上げを八百屋に届けてはわずかなお駄賃をもらい、空腹から救われたという。この頃、彼が覚えたのが「誠実」ということだったというのである。

この三十三年間で最も影響を受けた一人として、私はムスタファ・アービをあげる。と同時に、彼の信条であった「誠実」は、今もって私を支えてくれているような気がする。オズギュッチ先生から、ムスタファをどこで見つけてきたんだ、とよく冗談まじりにいわれた。私は、ムスタファもメフメットも神様がわれわれに与えて下さったものだと思っています、と答えたものである。

ムスタファ・アービ、そしてメフメットがいてくれたからこそ、ここまで発掘調査を無事にやってこられたのではないかと思う。彼らからどれだけ色々なことを教わっただろうか。

発掘許可申請

発掘許可申請は、前年度の十二月末までにおこなわなければならない。この期日を守らないと、次年度の発掘許可は容易に取得することはできない。二〇〇二年のことだが、例年通り十二月末に発掘許可申請を東京の在日トルコ大使館に提出した。この頃になると、まったく問題もなく自動的に許可が下りるようになっていた。しかし、この年に限って、どうしたことか、提出した申請書が魔法にでもかかったかのようにどこかへ消えてしまったのである。これにはまいってしまった。

最終的にはなんとか六月中旬の発掘前に許可を取得できたものの、このようなことは初めてだった。これは何もトルコ側がどうこうというのではなく、つねに発掘の許可に関しては進捗状況を常に見ておく必要があると強く感じた。

毎年十二月には日本に戻って発掘調査で使用する器材などの調達にあたる。一九八〇年代にはアンカラでアルカリ電池を探すのにも苦労したものだった。見つかっても数本あるだけで調査に必要な数を揃えるのには何軒もの店を回らなければならなかった。最近のトルコでは、大型のスーパーマーケットがいたるところにある。そこにはヨーロッパから何から何まで入ってきているし、品物の種類も以前とは比べものにならないほど豊かになっている。とはいっても、発掘調査に関する器材のすべてが容易に手にはいるわけではない。日本で調達したあとは横浜から船便で送り出すのも調査隊の大きな仕事の一つである。

査察官の派遣

発掘調査の許可が下りると、トルコの文化・観光省（発掘開始当初は文化省）の考古局（史蹟及び博物館総局が正式名であるが、考古学関係者は単純に局と呼ぶ。ここでは考古局と表記）から発掘調査開始の数日前に査察官が入ってくる。外国の調査隊だけでなく、トルコの調査隊にも派遣され、毎年、担当者が代わるのが通例である。査察官が入らないことには、発掘調査に取りかかれない。発掘調査後、出土遺物を博物館に納める際にも立ち会い、二十四時間ぴったり調査隊についているのが査察官の仕事である。

外国の発掘調査隊は、査察官とよくトラブルを起こすといわれる。中にはトルコ語をまったく話せない欧米のチームもある。となると、自ずと英語、ドイツ語、フランス語、イタリア語などのいずれかの言語で査察官と交流することになる。査察官の中にはそれらの言葉を充分に理解できる者もいるが、多くの査察官はトルコ語のみである。査察官とうまく関係を築くには、双方に理解

査察官のイルカイさん

できる言葉が絶対に必要である。従って、トルコでフィールド・ワークをおこなうなら、少なくともトルコ語は必要不可欠であろう。

もう一つ、査察官は文化・観光省を代表しており、トルコ政府の代表であることも忘れてはならない。いずれにしても、ささいなことから発掘調査許可のとり消しにまで発展することもある。査察官には注意深く対応しなければならない。幸いにも、カマン・カレホユックの発掘調査隊が査察官と深刻なトラブルを起こしたことは一度もない。

それに加えて、地元の知事、副知事、県の総務部、郡長、市長、町長、村長、文化局長、博物館長、軍警察、警察署長、国立病院、薬局などともつねに良好な関係を保っておく必要があろう。これは発掘調査隊の責任者の仕事である。彼らの協力があって調査ができていることを肝に銘じておくべきであるし、発掘調査、研究だけを前面に押し出してはならないと考えている。

査察官の仕事は、発掘調査が学術的におこなわれているかどうかのチェック、隊員の出入りのチェック、アンカラの考古局に二週間に一度提出する報告書の作成などである。報告書を書きあげる上では、査察官はどうしても隊員と密接な交流を図らなければならない。報告書作成時には、調査隊として査察官にできる限り情報を提供するようにしている。そして、隊員が発掘現場で査察官に懇切丁寧に説明すると同時に、写真も撮って手渡すようにしている。

二〇〇二年の第十七次発掘調査の査察官は、トカット考古学博物館の学芸員のギュヴェンさんだった。

その通知が文化・観光省から書面で届いたときは意外な感じがした。第一に、彼は以前に一度査察官としてカマン・カレホユックにきたことがあったからである。第二に、カマン・カレホユックの査察官には、理由はわからないが、アンカラの考古局から派遣されることが多く、地方博物館の学芸員が派遣されることはほとんどなかったからである。

ギュヴェンさんは、アンカラ大学の考古学科出身で、発掘調査の現場もかなり踏んでいた。前に派遣されてきたときには、どの調査隊員ともうまくやってくれたのが何よりだった。労働者からは「ギュヴェン・アービ（ギュヴェン兄貴）」と呼ばれていた。カマン・カレホユックのことを少しでも知っている査察官がきてくれるのは、発掘調査を成功させる大切な要因の一つである。

査察官は、発掘調査に参加する必要はまったくない。一日中発掘現場のテントの中にいてもいいし、好きな時間にキャンプに戻っても構わない。ただ、カマン・カレホユックにきた査察官の中で、何もせずに数カ月を過ごしたのは、数人だけで、ほとんどの査察官は発掘現場に入り、積極的に隊員や労働者とともに汗を流してくれている。

現金収入、社会保険が魅力

チャウルカン村の生業は牧畜と農業で、人口は公称約二〇〇〇人。実際は一〇〇〇人弱というところだろう。

毎年、村を離れてアンカラ、イスタンブルなどの大都市へ、あるいはヨーロッパ、イスラエル、サウジアラビア、イラクなど、外国に出稼ぎに行く村人があとを絶たない。アンカラ、イスタンブルに移住する村人も多く、村は疲弊し、過疎に悩まされている。

村で現金収入を得るのはほとんど不可能で、出稼ぎから帰った村人が新しく家を建てるときの手伝いなどでわずかな現金を得るぐらいだ。となると、数カ月続く発掘調査の仕事は、現金収入を得る格好の場といえる。日当は日本円にしておよそ二〇〇〇～三五〇〇円。給与は銀行振込で、発掘現場で働いているというと、どういうわけかカマンの銀行での対応もかなり丁寧になるのだそうだ。また、万一の事故に備えて雇用者負担の傷害保険、そして年金が将来的に受給できるように社会保険にも入っている。保険をかけていることもあり、発掘期間中は医療費が無料になる。これも、彼らにとって魅力の一つのようだ。

近郊のカマンでもドイツへの出稼ぎが多い。イスラームのラマザン（断食）の終わりを皆で祝う三日間のお祭りシェケル・バイラム（砂糖祭）、その七十日後におこなわれる生贄を捧げるクルバン・バイラム（犠牲祭）のときには、ヨーロッパに出稼ぎに行っているトルコ人も一時帰国をし、カマンは賑わいを見

チャウルカン村

せる。トルコで得られる収入の数倍をふところにした彼らは、ドイツで最初にベンツ、ＢＭＷなど高級車を買うのだという。そして大量のヨーロッパのタバコと酒を買い込んで「凱旋」帰国をし、ユーロをトルコリラに換金し派手に人々に振る舞うのである。そのため、ヨーロパに戻る頃には帰りの車のガソリン代もなくなり、借金をして気の毒になるぐらい落ちぶれるのだそうだ。

結婚式も彼らの帰国時に集中する。今日では、結婚式のあとカマン・カレホユック考古学博物館に隣接する三笠宮記念庭園（後述）で招待客とともに記念撮影をするのがブームで、二〇一五年には、一日に三十二組の新婚夫婦がやってきたとのことである。中にはアンカラ、イスタンブルから記念撮影のために衣装持参でやってくる一行もあるという。

毎年、六月になると、村のチャイハネと村役場に労働者募集の案内を出す。募集期間は一週間ほどである。それには日当、労働時間、社会保険、作業内容、休日などの採用条件を事細かに書いている。冬場、われわれ調査隊を待ち続けていた村人にとって、募集の案内は、待ちに待ったものなのかもしれない。発掘調査予算の関係などで多い年で百五十人ほど、少ない年でも四十人ほどを採用している。これはもっとも大切な作業の一つである。そのシーズンの発掘調査の成否がかかっているからだ。労働者採用については私みずからが関わっている。

新婚夫婦

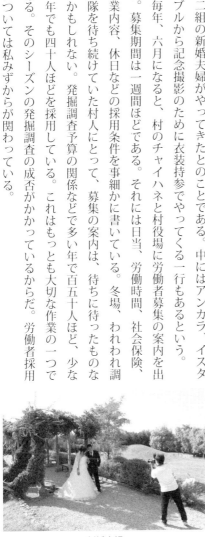

日当を決めるに際してはカマンに出かけ、パン、肉、卵、チャイ、砂糖、小麦粉など、生活にもっとも密接に関わりのある食料品の値段を調べることにしている。また、クルシェヒルの社会保険庁支所に出向いて、社会保険料の動向についても確認する。

トルコに限らず他国の発掘調査でも、よく耳にするのは労働者のストライキだ。ひどい例では、朝、調査隊が発掘現場に到着すると、折角見つけた貴重な建築遺構が見るかげもなく破壊されていたという。おもに採用条件の賃金への不満、仕事内容が違うといった点に原因があるようだ。当初は楽な作業で高収入だといわれていたのに、現実は耐えがたいほどの重労働を強いられたといった類いである。そのような実例をさんざん耳にしてきたし、第二次発掘調査のトラブルの経験から、採用条件はできるだけ詳しく提示することにしている。

募集初日の九時、私はキャンプの入口に机を置いて、労働者採用の受付を開始する。一時間ほど前から三々五々、村人たちが集まってくる。受付開始と同時に三十人ほどが列をつくる。一人一人の氏名、住所、家族構成をノートにつける。このときに彼らと交わす会話が発掘調査にとってはもっとも大切だ。村の状況が一気に情報として入ってくるときでもある。家族に病人はいないか、徴兵でいっている者はいないか、生活はどうかなどをたずねる。トルコのインフレや失業問題を反映して、経済がかんばしくない年ほど当然のこととして応募者が多い。

少年、少女も採用

現在では、熟練の労働者をまず採用している。つぎに、家族に病人がいることで、どうしても出稼ぎに行けない者を優先するようにしている。以前は、採用の際にはムスタファ・アービに相談することにしていた。というのも彼はじつに村の中のことをよく知っていたし、どこの家に病人がいるかなど、驚くほど詳細な情報をもっていた。彼は敬虔なイスラーム教徒であり、金曜日には村のモスクでの礼拝には必ず行っていた。そこで村の情報を得ていたのだろう。ただ、二〇〇五年にムスタファ・アービが亡くなったあとは、労働者採用の際にてこずってしまうことが多い。

発掘調査が開始されると、村の子どもたち二十〜三十人が毎日のように現場やキャンプを訪ねてくる。その中に、必ずといっていいほどに発掘、遺物整理をやりたくて仕方のない子どもたちがいる。若手の養成も考えて、そのような少年に声をかけることもある。

二〇一〇年のことだったと思う。十三歳のトルガ、ムラット、ムスタファを採用したことがあった。彼らはじつによく働いてくれた。本来であればこの年齢では土器洗いなどに回すべきだが、なんとしても発掘をやっ

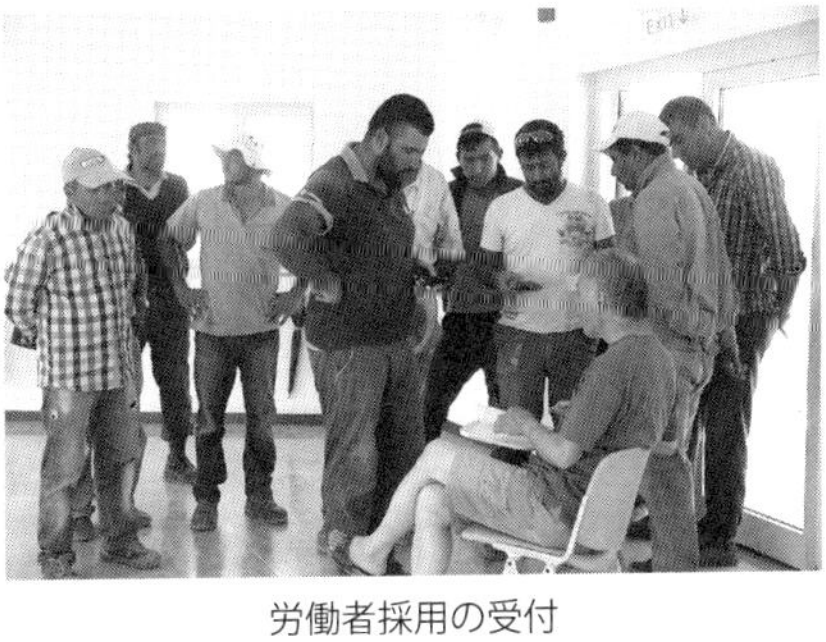

労働者採用の受付

てみたいという。

三人の少年にとっては、七、八月の夏休みを利用してのアルバイトである。午前五時前後に起きなければ現場の作業には間に合わない。驚いたことに三人とも一度として六時の作業開始に遅れることはなかった。村の子どもたちとはいっても、日中四十度を超す暑さは、かなり堪えていたはずだが、一度として根をあげることはなかった。労働者の中で年齢は一番若く、他の労働者に使われっぱなしのところもあったが、それでも挫けず、最終日まで元気に作業を続けてくれた。

一九九〇年代半ばからは、男子に加えて女子の中学生・高校生・大学生の採用も開始した。村には初等教育学校（日本の小・中学校が一貫したもので八年制）が一校ある。この学校のタフスィン校長が、われわれのキャンプに何度となく足を運んで、女子生徒を採用してくれるように依頼してきたことがあった。校長先生の話では、女子生徒のほうが男子にくらべて進学希望者が多く、成績も男子生徒より優秀なのだそうだ。しかし、女子生徒で学費を支払えずに途中で学業を放棄する者があまりにも多く、見るに見かねて相談にきたという。キャンプでの日当を学費の一部にできないかということだった。

校長先生の話では女子生徒の優秀さは、間違いなく宗教の影響だという。イスラーム世界の村では女性

村の女子中学生

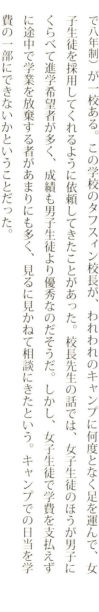

が自由に歩いているわけではない。男の子たちが外で走り回っているときに、女の子たちは家の内でじっと勉強していることが、成績に反映しているのではないかという。五十人近くの女子中学生の応募があった年もある。実際に彼女たちを採用して、驚くほど優秀な少女たちがいることを実感した。残念なことに、タフスィン校長は二〇〇三年に病気で亡くなった。校長先生が村に残した功績は大きなものがあった。

採用者リストを張り出すのは、何度やっても嫌なものである。リストに入らなかった村人にとっては死活問題である。

「昨年、発掘現場で何か迷惑をかけたのだろうか。それが理由でリストから外されたのなら、今ここで謝らせてほしい」

「採用してもらえると信じ、冬が過ぎるのをただじっと村で待ち続けていたのに」

前年度の労働者で、今回のリストから外れた村人に会うのは一番辛いことだ。

保護屋根を取り外す

発掘調査開始前にやるべきもう一つの仕事がある。発掘区に架けてあった保護屋根を取り外さなければならない。この作業はトラクター、クレーンを操作しているハサン、ハジュ、ムサが中心になっておこなっている。とくにムサはアンカラ、イスタンブルで建設現場の足場作りをやっていたということで、保護屋根の取り外しには最適だった。彼も発掘調査に関わってもう二十年近くにもなる。五〇〇〇平方メートルにわたる保護屋根を外すとなると、少なくとも一週間はかかる。彼は十人前後の労働者とともにその作業を淡々と進めてくれる。

一番心配なのが事故で、つねに注意を喚起するようにしている。最初の仕事は、北区と南区を覆っているトタンを一枚一枚とりはずすことだ。アナトリア高原の春先から初夏にかけての天候は、ネコの目のようによく変化する。先ほどまで快晴だった空が一瞬にして漆黒の雨空に覆われることもあれば、穏やかなそよ風が吹いていたかと思うと、突然、突風が吹き荒れることもある。トタンを外しているときに突風が来ようものなら、危険極まりない。どんなに慎重にやっていても、突風に見舞われたらどうしようもない。

ムサが労働者を動かしながら注意深く北区の屋根を外して

保護屋根の取り外し

いく。風が強くなればすぐに作業を中止する。その指令を出すのも彼だ。作業手順に習熟していることはもとより、労働者の信頼を得ていなければ、とても務まるものではない。

発掘器材とトルコ語

発掘調査をおこなう上で用具が必要であるが、初めて発掘現場に入る日本、アジア、欧米の若手の隊員にとって発掘器材の名称を覚えるのが大変なようだ。

器材の中には、カマン・カレホユックの現場でしか通用しないものもある。その一つにメルセデス（方位を示すもので、撮影の際に使用）がある。日本人の隊員の一人が、労働者にテント内にあるメルセデスを持ってくるように指示されたのであろう。その意味がわからないと私に尋ねてきたことがあった。方位を示す矢印が、メルセデスベンツの車の先端に付いているマークに似ているところから、方位板に対していつの間にかメルセデスの名称がついたものである。この他にもカマンならではの器材用語がいくつもある。

若手の隊員は、現場にフィールドノートを持参する。その中に最初に書き込んだトルコ語が、「ブネ？（これは何？）」だったという隊員がいた。隊員は労働

メルセデス

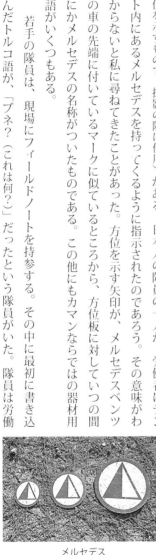

者と意思疎通のためにトルコ語をどうしても学ばなけらばならない。トルコ人の労働者は、新たに入ってきた隊員にトルコ語で次々と話しかける。

労働者は発掘道具を見せながら、隊員に対して「ブネ？」を連発する。これは初めて現場に入る隊員に対する洗礼なのかもしれない。おそらく若手の隊員は一気に耳に入ってくるトルコ語に戸惑ってしまうに違いない。当惑した姿を見て発掘区の労働者は隊員の実力がどの程度かを推測する。これは若手の隊員にとって重荷になることもあるようだ。

隊員のノートには次々とトルコ語が記されている。発掘には、日本の発掘現場と同様、カズマ（鶴嘴）、キュレッキ（スコップ）、ゲルベル（鋤簾）、チャパ（小さなピッケル、唐鍬）、マラ（移植ごて）、フルチャ（刷毛）、スプリゲ（ほうき）、エルアラバス（手押し車）、エレッキ（ふるい）、カズック（杭）、メトレ（箱尺）、イップ

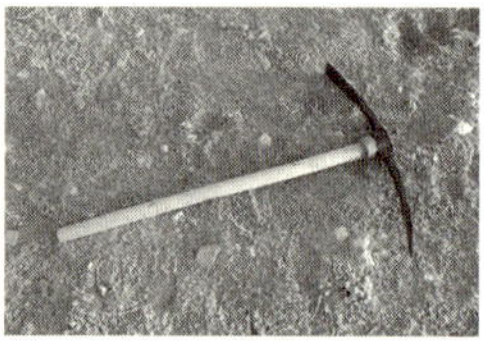

カズマ

チャパ

キュレッキ

マラ

ゲルベル

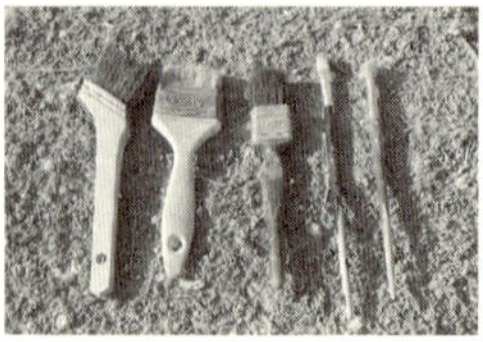

フルチャ

（水糸）、ニヴォ（レベル）などが使われるが、それらを覚えるだけでも一苦労だ。その上、粘土板などの特殊遺物が出土するとレベルを使って出土地点を測定する。その際には、トルコ語の数字を覚えていないと作業にならない。ある隊員がトルコ語の数字が夢にまで出てきたといっていたが、あり得ないことではない。

カズマは表層の固い面を取り外す時に使うぐらいで、ほとんどはチャパで掘り下げる。チャパで一度発掘すると、三センチほど掘り下げることができる。掘った覆土はスコップでかき集め、手押し車にのせてエレッキの場所に運ぶ。以前のエレッキは手動式だったが、現在では電動式になっている。掘った土がすべて運び出されると、発掘区を丁寧にゲルベルで残った土をかき集め、ほうきでクリーニングをおこなう。この中で一番気を使うのはほうきによる作業である。クリーニングをおこないながら土色の変化を追う。何度もほうきでクリーニングをしながら、次にどこを発掘するかを決めなければならない。この繰り返しを何度でもおこなう。

エレッキにかけられた覆土は選別にまわされる。選別はセチメといわれるが、ここでも若手の隊員は労働者と一緒に作業をおこなう。これらの一連の作業をおこないながら、彼らは考古学の基本資料を作り出す発掘現場に徐々に慣れていくことになる。

スプリゲ

エルアラバス

カサ

セチメ

タフタエチケット

遺物洗い

遺物乾燥

その作業の中で問題意識を見出す隊員もいれば、なかなか見出せないまま発掘期間を終える者もいる。短期間で発掘調査に参加する若手の隊員には、そう容易に希望する遺物も遺構も見つかるものではない。一カ月ぐらいの滞在中に希望通りのものが出土することはないし、万一そのようなことがあるとすれば奇跡に近いことである。

出土した遺物、セチメで取り上げられた遺物はカサ（遺物を入れる遺物箱）に入れる。そしてカサには出土日、発掘区、出土層位等を記したタフタエチケット（木札）が付けられ、遺物は研究所に運ばれ、洗い、乾燥に回される。これらの作業を何度もおこなっている中でいくつも推測が浮かび、そして消える。その繰り返しをおこなうのが発掘現場なのではないかと思っている。

ウスタが現場の指揮者

発掘では一つの発掘区に五〜七人の労働者が入る。気がつくと、彼らの中ではいつのまにか徒弟制度ができあがっていた。十三歳から十五歳までの子供たちは、キャンプでの土器洗い、整理作業でチラック（見習い）と呼ばれる。十六〜十七歳の現場の労働者もチラックと呼ばれ、チャパで発掘したり、セチメでの選別作業などをおこなう。カルファは手代である。十八〜二十歳の労働者は床面、ピット（貯蔵用、あるいは廃棄物を捨てる坑）壁の検出作業、図面取りをする。これもカルファの仕事である。兵役後の二十四〜二十五歳の労働者になると計測機器の操作、遺物とりあげ、写真撮影、日誌への記載の仕方などを修得する。そしてはじめてウスタ（親方）

ピット

となる。この制度は今もって発掘現場では厳格に守られている。

親方になると、仲間からはウスタ、もしくはアービ（兄貴）と呼ばれるようになる。その立場になるにはどんなに早くても十年はかかる。ウスタになりたいがために、十代の労働者は計測の機器操作と建築遺構の実測を積極的に覚えようとする。この二つがウスタの最低条件であるからだ。要するに発掘調査で使用する器材をすべて使いこなせなければならない。

これまでに七人の労働者がウスタになっている。とくに土器洗いから一歩一歩階段を登ってウスタになった労働者のプライドは高い。ウスタになると、周囲から尊敬の念で見られるようになり、隊員がいなくても発掘作業を丁寧に進めていく。もう一つ、私が大切にしているウスタの条件として、若手の労働者の面倒をきちんと見ることができるかをあげている。人を動かすことができるかどうかは、ウスタが発掘調査現場に対して問題意識をもっているかが重要である。毎日、日誌をつける作業もある。

少なくともウスタになった者が採用者リストから外れることはない。もちろん、ウスタは気軽に休むこともできない。十時半の朝食後もほかの労働者よりいち早く発掘区に戻って仕事の段取りを考える必要があるし、仲間に仕事の内容を伝える必要もある。しかし、そのぶん給料は高い。

ウスタ（ズィンヌリさん）

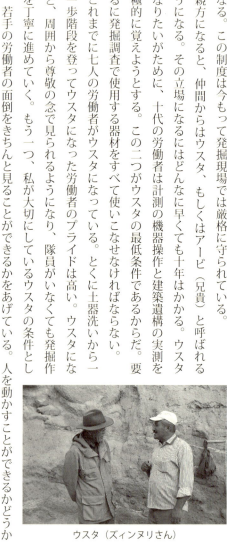

緊張する発掘調査初日

採用発表の翌日、発掘調査開始の朝は、何度も迎えたとはいえ、今でも緊張する。今年の発掘ではどのような遺物が出土してくるのだろうか。労働者は間違いなく皆きてくれるだろうか。明日の朝、労働者にどのように話せばいいのだろうか。そんなことを考えていると、発掘開始前夜はなかなか寝つけない。

調査の初日、五時四十五分、すべての労働者はキャンプに集まる。初夏とはいえ、この時期はまだ寒い。労働者は厚手のジャケットを着込んでいる者もいるし、私はほぼ冬の装備に近い出で立ちのことが多い。まず、最初に点呼をとる。そして査察官を紹介する。つぎにウスタの名前を読みあげる。この発表が労働者にとっては緊張する瞬間のようだ。労働者にとっては、一度はなってみたいポジションだからだ。そして、労働者がどのグループに入るかを伝える。各グループは七〜九名だ。仲の良い者同士が一緒の作業グループになるのは嬉しいに決まっているが、いつもそうなるとは限らない。とくに仲たがいしている家系には気をつけなければならない。それを間違うと、とんでもないことになる。発掘調査途中で組替えす

調査初日キャンプにて

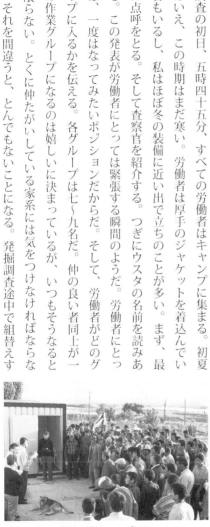

ることもある。

チャウルカン村には、バシュ家、エルバシュ家、サインカプラン家、オズトゥルク家、チョル家、ハスクルチ家、ヘルヴァジュ家、チャム家、テクバジャック家など、村の中核になる家系がある。その中でチョル家は比較的小さな家系であるが、カマン・カレホユック出土の小遺物、建築遺構、地形などを実測するのは、チョル家出身者が占めている。ほかの家系の出身者もできないわけではないが、できあがった図面を観察するとチョル家とそのほかの家系とのあいだにはかなりの違いがある。どうも家系によってそれぞれ得意、不得意が見られるようだ。

そして、労働者に調査目的、発掘にあたっての注意事項を説明する。調査目的を労働者が理解していない限り、作業はスムーズに進まない。そのため、要点を明確に伝えなければならない。それと同時に、社会保険のことなどを事こまかに話しておく必要がある。多少くどいくらいに話さないと理解してくれない。社会保険に入るには身分証明書のコピー、写真、健康診断書などいくつかの書類が必要になるが、口酸っぱくなるほど言ってもなかなかそれらの書類を揃えてもってきてくれない。全員を加入させるまでに一週間はかかる。その前に事故でも起きてしまうと、責任は調査隊にかかってくる。これまでさほど大きな問題もなくここまでやってこれたのは、ある意味では奇跡に近いことである。

そして、いよいよ発掘現場へと向かう。遺跡の頂上部に登ったのち、グループごとに発掘区のクリーニングに入る。各発掘区に保護屋根をかけてはいても、多少は崩れている。発掘区の断面から冬場に崩落した土や石などを片づける。

発掘現場がはじめての労働者にとっては何をやればいいのか、皆目見当がつかない。こちらから見ていると、これから三カ月間、本当に大丈夫かなと思ってしまう。スコップをはじめて使ったのではないかと思うくらい、ぎこちない動きには驚いてしまう。しかし、ウスタの指導で、数時間もしないうちにコツをつかみ、上手くなっていく。クリーニングの作業が数日続き、その後、いよいよ発掘作業に入る。

ピットを掘って一人前

発掘調査は決して慌てることはない。ゆっくり着実に、同じペースで進めることが大切である。土の色、遺物、遺構の出土状況などを慎重に観察しながら作業を進める。徹底したクリーニングが終わったところで、ウスタはどこから発掘するかをきちっと判断しなければならない。それができないようであれば、ウスタとしては失格である。ときには、ウスタが悩みに悩んで私のところへやってくることもある。その場合は、私も発掘現場でウスタと討論する。そのときに曖昧なことをいっていたのでは、ウスタはもちろん労働者が戸惑ってしまうのが目に見えている。ある程度の方向性を見つけてウスタに伝えることが重要である。

発掘はウスタの指示によって、労働者も若手の隊員も動き出す。労働者の多くは発掘作業の手順を知っていることもあり、私が声をかけることはあまりない。五メートル×五メートルの一発掘区の中に労働者が入り、チャパで三、四センチずつ掘り下げる。一度掘り下げると、つぎにスコップで掘った土をかき集める。そして手押し車でふるいの場所まで運ぶ。土が運ばれたあとは、スコップ、ほうき、ゲルベルなどでクリーニングをおこなう。この単純な作業を何度も繰り返す。そんな単純作業の続くなかで、完全な形の土器でも出土すると、労働者が俄然元気になるのは当然のことだ。

ピット、つまり当時の貯蔵穴、あるいは廃棄用の坑は一つ一つ丁寧に発掘をしていく必要がある。直径〇・五～二メートル、深さはまちまちである。これまで北区からは三〇〇〇を超すピットが確認されている。このピットを探し出すのもウスタの仕事である。ピットが発見できるのは、多くは発掘作業開始時である。その時分には発掘区に陽がさしているわけでなく、早朝は寒いぐらい

ピット群

で、そして土はしっとりとしている。当時のゴミ箱というのは、円形の坑である。土坑の部分は人為的に掘り込んでいるため、周辺よりも少しやわらかくなっており、湿気を含みやすい。湿気を含んでいることで、ピットは多少黒く見えることが多い。

ただ、それを発掘するかどうかの決断はなかなか難しい。ウスタが決めかねて、私に相談にくることもある。このときも、ウスタとしばらく討論することにしている。そして間違いなくピットであると判断すると、カルファを呼び、的確な指示を与える。このようにピットは土の色から、ある程度推測できる。ウスタ以外でも「ピット探しの名人」と呼ばれている者もいる。一つのピットが見つかると、ピットは次々と顔を出し始める時もある。

ピットはその時代の文化を知るうえで極めて重要な意味をもっている。ピットには壊れた器（ほとんどが土器片）や、狩猟した動物を解体した際に出る獣骨、食べ残しを捨てることもある。ピットのもう一つの機能は、小麦など穀類の貯蔵庫としてである。ピットの壁に真白い漆喰のようなものが厚く残っている場合がある。その白い物質を分析した結果、石灰であることがわかった。この漆喰に沿って掘っていくと見事にピットが顔を出す。

ピットの発掘は楽しい。作業に参加しているカルファたちもわれ先に発掘しようとする。ピットの中からは、当時の人々が使っていたものが、次々と顔を出すことが多い。だれが発掘するかを決めるのはウスタの仕事である。私は口を出すことはない。指名されたカルファの目はその瞬間にきらきらと輝き出す。

ここは僕にまかせて、といわんばかりだ。チラックたちは、ピットから運び出された土をふるいのほうへ運ぶのが仕事である。チラックたちは、いつの日か必ずカルファになり、将来はウスタになりたいという。その気持ちはよくわかるような気がする。ウスタの中には大学に通っている者もいて、チラックたちにとって憧れなのである。

遺物から遺構の姿を追い求める

第Ⅲb層のヒッタイト古王国、第Ⅲa層のヒッタイト帝国時代（前十七〜十五世紀。中期〜後期青銅器時代）からは、巨大な円形遺構1が確認された。その規模たるや直径十五メートル、深さ五メートル。一九九四年にその一部が顔を出し、慎重に掘り下げて二〇〇一年に全貌をあらわした。壁、床が見事なまでに石で組まれていた。

巨大な円形遺構1

このような大形の円形遺構は、今までのところアナトリアでは見つかっていない。

小形のものとしてギリシアでほぼ同時代の円形遺構が確認されているものの、あまり参考にはならなかった。ギリシアの円形遺構は、調査報告書を読む限りネクロポール、つまり墓地だった。しかし、カマン・カレホユックの場合は、どこにも墓地を暗示するようなものはなかった。大量の封泥が出土したものの、その多くは遺構が放棄されたのちに投棄されたことが明白で、遺構の年代を即座に解明する手立てにはならなかった。現在、封泥に記されているヒエログリフの解読は、イギリスのM・ウィーデンが中心となっておこなっており、近々、封泥に関する報告書が刊行されることになっている。また、円形遺構の機能を考える上では、石敷きの床面で検出した白い物質が一つの手掛かりとなるのではないかと考えた。

考古学は、出土した遺物や遺構をもとに、当時の様相を復元することが目的の一つである。発掘では土器、青銅製品、鉄製品、ガラス製品、人骨、獣骨、花粉、種子などありとあらゆるものが出土してくる。それを整理、観察しながら当時を復元させるが、その過程で化学の力を借りざるをえないことが多々ある。漆喰に似た白い物質は発掘現場では分析することはできない。発掘調査終了後にトルコの文化・観光省の許可をとり、日本に持ち帰るのだが、この許可取得には一週間ほどかかる。こうした分析は、東京理科大学の中井研究室にお願いしている。円形遺構1から出土した白い物質は、小麦と深く関わっているとの報告があった。

つまり、この結果から円形遺構1は穀物を入れていた貯蔵庫ということになる。ある程度は予想していたものの、分析結果に納得できない点があった。それは、円形遺構1から明確に小麦を確認できていないことだった。これに答えを見つけることができないまま、円形遺構2の発掘調査をおこなうことになった。

この発掘調査は、先述の査察官ギュヴェンさんにまかせることにした。この発掘区には優秀な労働者が数人入っており、彼らは以前ギュヴェンさんと一緒に働いた経験があった。ギュヴェンさんも労働者の中心的存在のドゥラックとは馬が合うようだった。

それまで円形遺構2の姿は徐々に見えていたが、床面までは確認できていなかった。彼らは、まず最初にクリーニングをおこなった。深さは五メートル近くある。鉄製の梯子を発掘区におろし、慎重に作業をつづけた。途中で梯子がたわみ、緊張感がただよう程の深さになっていた。円形遺構2の覆土をとりのぞく作業は、七月初旬から中旬まで続いた。

円形遺構2

円形遺構の1と2は造築方法に大きな違いがあった。1が石組みであるのに対して、2は単純に地面を掘り込んだもので、すり鉢状になっていた。壁には白い漆喰のような物を確認した。床面が近づいたところで、発掘のスピードは一気に落ちた。ギュヴェンさんもドゥラックたちも極めて慎重になっている。覆土からは、封泥、土器、青銅製ピンなど、色々なものが出土してきており、円形遺構2の機能を解明する遺物が出土する可能性もあった。

炭化した小麦から貯蔵庫と断定

床面が近づいたところで最初に出土したのは、二つの把っ手のついた土器だった。きれいに磨かれた土器は、クリーム色で金属器を思わせるほど素晴らしいものだった。それと同時に、同じクリーム色の丸底の大形の壺が出土した。この類似品はヒッタイト帝国の首都ハットゥシャからも出土している。

この二つが出土しただけで発掘現場は一気に盛りあがった。何一つ発見のないまま時間が過ぎていくのは労働者には気の毒である。考古学とはただ遺物を発見することではないので、何もこれといっ

きれいに磨かれた土器

クリーム色の丸底の大形の壺

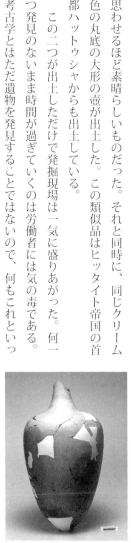

た遺物を発見できなくてもかまわない。そんなことをいっても労働者にはなかなか理解してもらえない。当然といえば当然だが、ただひたすら土を掘っていて何も出てこないのでは、作業にも飽きがくる。

そして、この二つの土器に続いて床面から炭化した小麦が大量に顔を出したときには、ドゥラックは本当に嬉しそうな顔をした。発掘区の中で何かが出土すると、現場が一瞬静まりかえる。そして、隊員と労働者全員が一カ所に集まる。それだけで貴重な遺物が出土したことがはっきりとわかる。この炭化した小麦が出土したときもそうだった。ドゥラックが大声で私を呼んだ。

「オオムラさん、小麦が見つかった。それも炭化した小麦だ」

ドゥラックは手の平に炭化した小麦をのせて上に上がってきた。

「ずいぶん焼けているね。これは分析の必要があるね、ドゥラック」

「こんなに沢山小麦が見つかったのははじめてだよ、オオムラさん」

「小麦の種類が何かを、植物遺存体を研究している人たちに見てもらわないと」

彼の顔は活き活きして、目が輝いている。私も早速下りて行くと、ギュヴェンさんが一所懸命に竹べらで慎重に小麦を掘り起こしていた。

「ギュヴェンさん、すごいね。ついに出土したね。これほど完全な形で出土するとは驚きだ。とにかく写真をとっておいたほうがいい」

「ここは慎重にしないと。オオムラさん、ここは俺たちにまかせてくれ」

私は手の平に炭化した小麦を数粒置いてみた。間違いなく小麦である。床面を丹念に追っていくと、大量の炭化した小麦が横たわっていた。こんな時には作業をしているウスタにも査察官にも全く声をかけないことにしている。作業を進めている姿をそばでじっと見ているだけである。このような時は自分が育てたウスタ、カルファを信じるのみである。

円形遺構2の床面を精査する作業は、八月になって本格化した。床面からは直径三十～四十センチ、深さ四十～五十センチの柱穴が六基みつかった。中をのぞくと穴の周壁は石組みになっていて、底には平らな石が置かれていた。ギュヴェンさんとドゥラックは、柱穴は円形遺構の上部構造を支えるためのものであるという。この遺構は円形遺構1より少し小さめであるが、直径十二メートル、深さは四メートルを超していた。

その後の調査で1、2以外にも直径十メートル前後の三つの円形遺構が見つかった。

このような穀物などを保管するために掘られたピットの形態は廃棄用の坑とは違う。底に向かうにつれて広がっているものが多い。そのうえ、穀物庫などに使われたと思われるピットには、壁に漆喰のようなものが塗られているのが特徴の一つである。ヒッタイト古王国時代のピットは、ほかの時代のものと比べても大きめで、保存状態も極めて良好だった。

柱穴６基

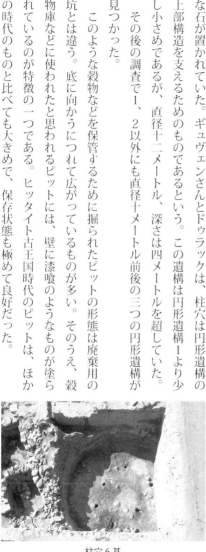

一体、カマン・カレホユックにはどれだけの人々が居住していたのだろうか。大型の穀物庫五基、そこから推定される保管された小麦の量から考えると、おそらく周辺も含めて数千人ほどの人々が暮していた可能性はある。

円形遺構から大量に見つかっている封泥に記されているヒエログリフの解読が現在盛んにおこなわれている。この解読により色々な情報が入ってくるはずだ。封泥は、おそらく封印した布袋を解いた時に穀物と一緒に円形の穀物庫へ投げ込まれた可能性が高い。封泥からは多くの人名を読み取ることができることから、カマン・カレホユックの当時の周辺都市との関係が見えてくるかもしれない。

奇妙なピットをどう考えるか

二〇〇二年、二〇〇三年の第Ⅱ層、鉄器時代（前一一九〇年頃〜前三三四年頃）の発掘調査で、それまでまったく確認されていない新たなる形態のピットを確認した。じつに妙な形態で、それらは円形ではなく矩形《くけい》だった。これをピットとみるべきか否かについては、相当に迷った。これまで矩形のピットはカマン・カレホユックでは一つとして見つかっていなかった。さらに私を迷わせたのは、ピットのほぼ中央部に石壁が組まれていたことである。ピットと考えるよりも、建物の地下室とでも考えたほうが妥当ではないか。どう考えてもそれまで見つかっていたピットの様相とは異なっていた。

こんなときはウスタ、カルファ、そしてチラックが大討論を繰り広げるのが常である。そばで聞いていると、吹き出してしまいそうになる奇想天外な考えも出てくる。ただ、ここで気をつけなければならないのは、労働者が自分の生活を通しての発言だということである。しばしば的を射た意見が出てくる。現在の村でもこのような形の貯蔵庫がある、おじいさんの時代にはあったなど、いろいろな角度から討論が繰り返される。

第I層のオスマン帝国時代から出土した炉に対して、暖房施設だろうと言ったのは、ウスタやカルファで、彼らの生活を通しての発言だった。彼らと会話ができなければなかなか良い情報は入ってこない。ただ、日常会話ができたからといって、情報を容易につかめるものではない。彼らの生活の場にも入る必要がある。それが気軽にできるようになるには相当の時間を要する。研究ということが大前提であることは当然である。ただ、研究と

矩形のピット

いった面があまりにも出過ぎるとなかなか上手くいかないことがある。やはり、いかに村に慣れたとはいっても、我々は客であることを一時も忘れてはならない。とくに、同じ場所で長期間調査を続けようとするのであればなおさらである。

三笠宮記念庭園

発掘調査のキャンプの近くに三笠宮記念庭園の建設構想が出てきたのは、一九八六年の五月三十一日のことである。この日、カマン・カレホユック発掘調査名誉隊長の三笠宮崇仁親王殿下が、遺跡で鍬入れ式をおこなうためにカマンにお成りになった。殿下から、「将来的にはキャンプを建設する必要がありますね」というご発言があった。当時のクルシェヒル県知事が殿下に対して、「遺跡のほぼ真南にある村のはずれの広大な土地を無償で提供しましょう」という。そこにはすでに発掘のキャンプまがいのものを作りはじめていた。その後、日本で殿下から、「せっかくトルコ側が土地を提供して下さるのであれば、日本庭園を建設してはどうですか」とのご提案があった。これが具体的になったのは、一九八八年のことである。

この庭園建設に全面的に支援してくださったのは、出光美術館館長だった。五千坪以上の土地はいただいたものの、そこは二年前にささやかなプレハブのキャンプを建設した場所であり、水も電気も自力でなんとか運んできたところでもある。道もつくり、三キロ以上も離れている水源から水を運ぶ作業もおこなったが、キャンプというにはまだほど遠いものだった。

チャウルカン村は「上の村」と「下の村」に分かれている。われわれのキャンプはそのほぼ中間にある。キャンプを設置する前は羊、牛がのんびりと草を食んでいた場所で、いたるところに岩がごつごつしており、村人はだれも振り向きそうにもない土地だった。殿下から、とにかく村には迷惑をかけないようにといわれていたことも、そこを選んだ理由の一つであった。

一九八九年、日本の造園業者による下調べが始まった。どのような樹木が育つのか、日本から苗木を運ぶとしたなら何がいいのか。実際に日本から苗木を運んできても育つのだろうか。寒暖の激しいアナトリア高原で日本庭園はうまく建設できるのだろうか。

この日本庭園の建設には、隊員の多くが冷ややかな目で見ていた。カマンを離れる者も出てくる始末だった。

建設にあたっては研究者を巻き込まないようにしようと思った。無理強いしてまで彼らの協力を得ることを止めることにした。

私が悩んだのは、なぜアナトリア高原のど真ん中に日本庭園を建設するのかということだった。簡単にいえば建設する意義である。これ

チャウルカン村「上の村」「下の村」

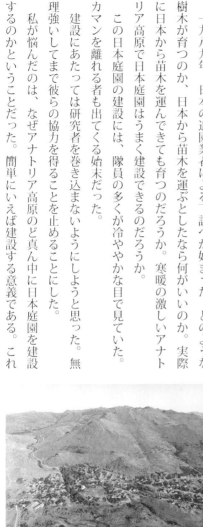

には悩みに悩んだ。研究者は、何も庭園のために集まってくるわけではない。発掘調査、研究に集まってくるのである。この姿勢は何も日本に限ったことではない。欧米の研究者もそうである。ただ、庭園を建設する上での大きなきっかけは以前にあった。

庭園建設のきっかけ

それは一九八四年、イズミルでおこなわれた考古学のシンポジウムのときだった。すでに日本が発掘調査を開始するという噂がシンポジウム会場にも流れていた。会場でトルコ人の研究者と立ち話をしている。近くでトルコとドイツの研究者が大声で何かを喋っているのが聴こえた。その会話の中で、私をいやが上にも奮い立たせるような発言が耳に入ってきた。私がいることを知っていたのであろう。

「聞いたか、日本人がだよ、トルコで発掘を開始するんだってね。二、三年もてばいいほうだ」

その瞬間に私の覚悟は決まった。一生涯やってみようではないか、発掘調査を。それと私が二度とアナトリアから離れないということを見せてやろうではないか。それもこれまでの欧米とはまったく違う形でやってみようではないか。それも奇想天外なことで。このときのことを思うと、今でもグンと自分の気持ちが高揚してくるのを抑えることができない。

研究所の建設は将来的には当然のことである。それと同時に、カマン・カレホユックのプロジェクトに日本的なものをがっちりと根づかせてはどうだろうか。最初は笑われるかもしれない。それはそれでいいではないか。それ以上に、私が日本庭園を建設しようとした背景には、一つの思いがあった。庭園はそれなりの形をつくることはできる。しかし、日本庭園といわれるまでにはとにかく時間がかかる。十年、二十年で味が出てくるわけではない。百年が経ち、二百年が経ったときに、日本庭園としての風格が出てくるはずだ。研究も同じではないか。

それと地元の人たちがキャンプに自然と集まる場にしたいという夢があった。もちろん研究に支障がないようにしなければならないのは当然である。村の人たちにとっては、何故、中央アナトリアのど真ん中に位置するチャウルカン村に降って湧いたように日本人がいるのかがどうしても理解できなかったようだ。

それと私には発掘調査をおこなう上で比較するものがどうしても必要だった。考古学の発掘調査は、得てして発掘だけに専念してしまい他が見えなくなる傾向がつよい。私は正しくそうである。考古学を生業としながら、文化論、文明論を浅学非才にも関わらずカマン・カレホユックの成果を使いながら論じている時がある。それを論じる時に、どうしても比較するもの、特に中近東世界、欧米世界とは全く違う文化を側に置くことが、自分が発掘調査をしている世界には必要であると考えた。つまり、極端な文化を置きながら比較考察することがある意味では必要ではないかと考えた。これはそれまで長期に渡ってアナトリアで発掘調査をおこなってきた上で強く感じていたことであった。

カマン・カレホユックの発掘調査で蛸壺的発想に陥った時、なんとか別世界の文化、つまり、カマン・カレホユックの世界から我々研究者を引き離してくれるものがあれば素晴らしいと思った。その世界に入り込み、自分たちがおこなっている発掘調査、成果をじっくりと客観的に静観できる場所が必要ではないかと思っていた。それが私にとっての三笠宮記念庭園であった。

「泣いた赤鬼」

浜田廣介の童話、「泣いた赤鬼」をふと思いだしたことがあった。調査隊を童話に置き換えると、赤鬼が日本人の私である。なんとか赤鬼は村人と接触したいのだがなかなか上手くいかない。童話の中では、赤鬼が村人と仲良くなりたい一心で、立て看板を立てる。

「美味しいお茶もございます」

「美味しいお菓子もございます」

赤鬼は一所懸命努力をする。

童話の主人公である赤鬼の立て看板と、三笠宮記念庭園を建設し、多くのトルコ人の憩いの場所として提供することは何か同じではないかと思ったことがある。

キャンプを張っているチャウルカン村の人々の理解や協力無くしては長期間の発掘調査はできない。それまで参加してきた他の調査隊では、発掘調査が終了すると同時にキャンプを引き払うのが当然のことだった。労働者の多くは、家族もある、病人をかかえる者もいる、子供を都会の学校へ通わせている者もいる。そのようなことを気に留めることなくキャンプを閉めるのを何度見てきたことか。彼らを使うだけ使って置き去りにしているような感じを強く受けたものである。発掘調査、研究は研究者の仕事である。ただ、それを支えるのは現地の人々であるし、調査後遺跡を守るのも彼らである。その現地の人々と良好な関係が構築されて始めて長期的な調査、研究は可能になるのではないか。

三笠宮崇仁親王殿下のお言葉に端を発した日本庭園の建設には、正しく「泣いた赤鬼」の気持ちがかなり含まれていたし、今でも私はその気持ちを忘れていない。

一九九三年九月十三日、三笠宮記念庭園は完成した。開園式には、三笠宮崇仁親王殿下、同妃殿下、支援をしてくださった出光美術館館長ご夫妻など多数が参列した。開園して、そろそろ四半世紀になる。予想を超す来園者で三笠宮記念庭園は賑わっている。例年、八万人の人々が訪ねてくるようになっている。おそらく近々十万人の来園者で大いに盛りあがるものと思われる。寛仁親王殿下が最初に庭園をご覧になったときに、正直な感想を述べられた。

「カマンの日本庭園はまだまだだね。もう少し時間が必要だね」

その時間は数年でないことだけは確かだった。少なくとも数十年が経ってはじめて庭園の雰囲気を醸し出すものだ、とおっしゃりたかったのではないだろうか。それは何か発掘調査と相通じるところがあるよ

日本庭園完成式典

うな気がする。一年、二年で結果は易々と出てくるものではない。掘り下げ、出土遺物を丁寧に整理したことにより理屈が立ってくるのが考古学なのかもしれない。

ここで一つだけ三笠宮記念庭園に関する逸話を紹介しておきたい。例年、私は発掘調査後に中央アナトリアの遺跡踏査をおこなっている。この調査もかれこれ三十年近く続いている。新しい遺跡を探し、それを白地図に載せ考古局に報告する作業である。調査をおこなう地域はカマンから五十キロ、百キロと離れている場合もある。手には勿論のこと地図や遺跡で土器などを採集した際に使う布袋をもっている。村人にはわれわれの調査が奇異に映るのも当然かもしれない。盗掘団と思われても仕方がない。軍警察のジャンダルマにこれまで何度通報されたことか。

しかし、そのたびに私は三笠宮記念庭園に助けられている。村人から通報があるとすぐにジャンダルマはかけつけてくる。その際には身分証明書、調査許可証などの提示を求められるが、アナトリア考古学研究所の者ですというより三笠宮記念庭園からやって来たといった方が通りがいい。ジャンダルマは三笠宮記念庭園と聞いただけで、先にそれを言ってくれれば良いのにとばかり、一瞬にしてそれまでの厳しい顔は消えてしまい柔和になる。

建設した当時は、まさかこれほど三笠宮記念庭園が地元にこれほど影響を与えるとはまったく予想もしなかった。おそらくこれからも多くの研究者は三笠宮記念庭園に守られながら研究を続けるのではないかと思う。

カマン・カレホユックの文化編年

ここで、現在までわかっているカマン・カレホユックの文化編年について記しておこう。

表層を少し外すと、第I層のオスマン帝国時代の建築遺構が確認されている。遺跡は発掘中のため、表層から下層へ向けて数字が進む。文化層が確定すると下層から時代順に整理し直す場合もある。第I層では5建築層がみつかっており、いずれも保存状

三笠宮記念庭園

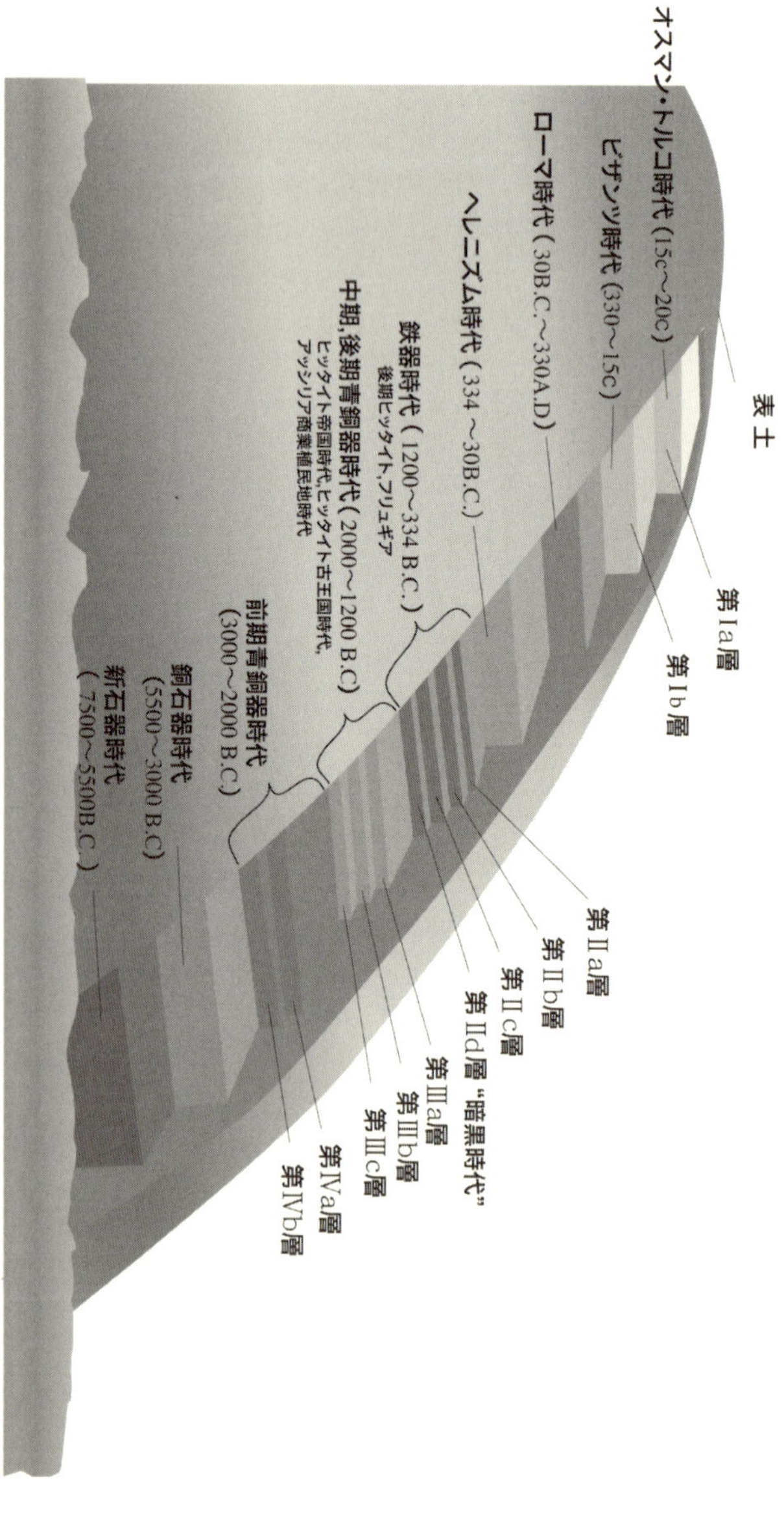
オスマン・トルコ時代（15c～20c）
ビザンツ時代（330～15c）
ローマ時代（30B.C.～330A.D）
ヘレニズム時代（334～30B.C.）
鉄器時代（1200～334 B.C.）
後期ヒッタイト、フリュギア
中期、後期青銅器時代（2000～1200 B.C）
ヒッタイト帝国時代、ヒッタイト古王国時代、
アッシリア商業植民地時代
前期青銅器時代（3000～2000 B.C）
銅石器時代（5500～3000 B.C）
新石器時代（7500～5500B.C.）
表土
第Ⅰa層
第Ⅰb層
第Ⅱa層
第Ⅱb層
第Ⅱc層
第Ⅱd層“暗黒時代”
第Ⅲa層
第Ⅲb層
第Ⅲc層
第Ⅳa層
第Ⅳb層

態は良好である。５建築層の上層部は、明らかにオスマン帝国時代であるが、下層部はビザンツ帝国時代の可能性が高い。第Ⅰ層の建築遺構をすべて取り外すと、北区では、およそ一八〇〇年の空白期間の後、第Ⅱ層の鉄器時代が出土する。出土遺物、建築形態などから四期、つまり、上層から第Ⅱａ層、第Ⅱｂ層、第Ⅱｃ層、第Ⅱｄ層に分かれることが明らかになっている。

　第Ⅱｄ層は、前期鉄器時代に年代づけられており、以前は「暗黒時代」と呼ばれていた時代である。カマン・カレホユックでは、この文化は広範囲で見つかっている。さらに発掘を進めると、第Ⅲａ層、つまり「鉄と軽戦車」を駆使して古代中近東世界でエジプト王国と覇権を争っていたヒッタイト帝国時代の建築遺構が顔を出す。ただ、カマン・カレホユックではヒッタイト帝国時代の建築遺構の保存状態は決して良好とはいえない。むしろ悪いといったほうがいい。その直下のヒッタイト古王国時代の第Ⅲｂ層から出土している遺物を観察すると、メソポタミアなどと結びつくガラス製ビーズなどが出土しており、遠方地域との交易がおこなわれていたことを物語っている。第Ⅲｃ層は、アッシリア商人が鉱物を求めて中央アナトリアにカールムといわれる居留区を建設し、経済活動を活発化させた時代である。彼らが持ち込んできた楔形文字

ガラス製ビーズ

によって、アナトリアは「歴史時代」に入ったといわれる。

この第Ⅲc層を取り外したところで、アッシリア商業植民地時代とそれ以前から継承されていた文化の混在する前三千年紀末から前二千年紀初頭に年代づけられる第Ⅳa層—中間期が見つかっている。そしてその直下からは前期青銅器時代の文化が確認されている。これまでの発掘調査で銅石器時代、新石器時代に年代づけられる遺物が出土しており、これからの発掘調査で第Ⅴ層、第Ⅵ層が検出されるものと思われる。

ここまでカマン・カレホユックの「文化編年」はできあがったものの、この先がまだまだある。この「文化編年の構築」を発掘調査目的としてあげたときに、既述したように多くの研究者から、今さらながらなぜこんな目的で調査をするのか、これまで欧米が構築してきたものを使えばいいではないか、もっと要領よく研究したうえで調査を始めるべきではないかといわれたことを思いだす。ただ、これまで一度として日本の研究者の手でこの「文化編年の構築」がおこなわれていなかったことに対して疑問があった。

なぜ、それを日本はおこなわなかったのか。その答えを出すことができたのは本当のところ最近のことだ。答えは簡単である。この「文化編年の構築」には莫大な時間、費用、そして人材が必要であり、それを実際にやるとなると一生涯、否それ以上の時間を投資しなければならないからだ。一研究者が立ち向かえるだけのものではないことはわかるが、だれかが一度は真正面からぶつかってもいい大テーマでもある。一生涯と記したが、それは私の場合、本当に現実となってしまった。この作業を始めてもう三十年以上になるが、あまりにも大きな問題が目の前につぎつぎと出現することに正直なところ戸惑ってしまうこともある。

暗黒時代以降の調査

前一一九〇年頃にヒッタイト帝国が崩壊した後は歴史的・文化的にほとんど見るべきもののない時期とみなされていた。アナトリア考古学では「暗黒時代」と呼ばれてきたことは既述した通りである。この用語自体、いつのまにか一人歩きしてしまい、一九八〇年代の後半まで解明の糸口が見つからないままになっていたし、暗黒時代以降の研究もそれほど進んでいるとは思えなかった。

それがカマン・カレホユックの発掘調査である程度明らかになってきたのであるから、幸運といえば幸運である。ほかの層と同様に、発掘調査開始時から数センチずつ掘りさげ、出土する遺物のすべてを順序よく並べたところに解明の糸口があった。この作業は今でも変わることなく続いている。

出土した順に遺物を洗い、並べる。じつに単純な作業だ。一つの発掘区から出土した遺物を並べると優に百メートルはある。並べているうちに遺物、とくに土器等に変化が見えてくる。その変化を追うことが「文化編年の構築」にとって最も有効な方法であることは間違いない。

暗黒時代の第Ⅱd層の直上から第Ⅱc層の建築遺構が次々と出土した。第Ⅱc層を代表する遺物は彩文土器である。モチーフとしてとり扱われるのは鹿、羚羊である。カマン・カレホユックからは赤鹿の骨も検出されている。現在、カマン・カレホユック周辺で、赤鹿を見かけることはほとんどない。カマン・カレホユックの南側にある山々は、緑のない赤茶けた山である。狩猟の時期に村人が狼や猪を仕留めたと聞いたことはあるが、赤鹿を仕留めたとは聞いたことがない。おそらく第Ⅱc層の前九世紀末から前八世紀末にかけてカマン・カレホユックから赤鹿の骨がたくさん出ていることを考えると、遺跡の周辺の山々は赤鹿が生息するだけの緑に覆われていたに違いない。

鹿文

第Ⅱd層の建築遺構は北区でたくさん見つかっている。この建築遺構は一部屋形式のものが多く、木製の柱を多用しているのが特徴だ。その建築遺構にともなって曲線文、波状文をもつ彩文土器や手づくね土器が出土している。土器の焼成は極めて良好である。南区の第Ⅱc層の建築遺構、彩文土器を比較すると類似点が沢山認められ、第Ⅱc層の建築形態を観察すると第Ⅱd層から継承されたものと考えることができる。その中でも特に注目される第Ⅱc層の建築遺構は、半地下式である。何れも一部屋形式のものが多く、壁の周辺にはベンチがついているものもある。そして部屋のほぼ中央部に貯蔵庫と思われるピットが

第 IId 層の建築遺構

第 IIc 層の建築遺構（半地下式）

手づくね土器

波状文をもつ彩文土器

確認されている。ベンチは第Ⅱｄ層でも見つかっており、第Ⅱｃ層の建築に第Ⅱｄ層の影響がかなりあったものと思われる。

これまでの発掘調査で明らかになったこと

一九八五年に予備調査、そして一九八六年から本格的な発掘調査を開始し現在にいたっている。まさかここまで長期間にわたって発掘調査に専念できるとは全く思わないまま今日を迎えたようなものである。ここではこれまでおこなってきたカマン・カレホユックの発掘調査を通して明らかになったことをいくつか述べてみたい。

カマン・カレホユック発掘調査の主目的は、「文化編年の構築」であることは、既述した通りである。この「文化編年の構築」の基本は、これまで欧米が築き上げてきた「年表」である。それを基にカマン・カレホユックの研究も進められている。特に、イギリスが構築したものは、常に手本としている。彼らの「文化編年」を見ると、どれもがすっきりと描かれているのに驚くことがある。なぜ目を見張るような「文化編年」を表わすことができるのか常々疑問に思っていた。

デンマークの考古学者であるCh.・J・トムセンが、一八一八年に考古遺物を材質によって区分する三時代法を考案したことは良く知られていることである。つまりトムセンは古い方から石器時代、青銅器時代、そして鉄器時代に分けてコペンハーゲンの博物館所蔵の遺物を三時代法で整理をしたといわれる。その後、多くの研究者によってトムセンが考案した整理方法は、旧石器時代、新石器時代、銅石器時代、前期、中期、後期青銅器時代、前期、中期、後期鉄器時代と細分化し現在にいたっている。

この分け方は今日までほとんど大きく変わっていない。これに則してカマン・カレホユックの発掘調査も進めてきているものの、その過程で欧米が構築した「文化編年」にもいたるところで曖昧さを残したままに放置されているところや、まったく未解明のままになっているところに出くわし立ち往生したことがある。それらの多くは容易に解決できるものではないし、それ相当の資料整理、時間、そして多くの研究者の参加が必要なのであろう。

ヒッタイト帝国が崩壊した後、前二千年紀中頃から、前一千年紀の第一四半期までを歴史的にも文化的にもとるにとらない時代、つまり「暗黒時代」と名称を与えてきたことはアナトリア考古学の研究者なら誰でも知っていることである。古典考古学の碩学、E・アクルガルは、この時期のアナトリアは、遊牧民が跋扈し、確たる文化を創出しえなかったとする説を唱えていた。しかし、カマン・カレホユックの所謂、前期鉄器時代の第Ⅱd層から「暗黒時代」と呼ばれていた文化層の建築遺構が次々と見つかり、それと同時にその時代は高度の文化を持ち合わせていたことを裏付ける遺物が次々と出土してきている。この第Ⅱd層出土の遺物、特に土器、さらに建築遺構を観察すると、この直下の第Ⅲa層のヒッタイト帝国時代の土器、そして建築遺構とは大きな差異が認められることはこれまでの調査で明らかとなっている。例えば、ヒッタイト帝国の建築遺構は地面を僅かに掘り下げて壁を構築する平地式であるのに対して、「暗黒時代」と呼ばれていた建築遺構では半地下式のものが多いということである。また、土器にしても「暗黒時代」の彩文土器は、ヒッタイト帝国時代では全く認められないことである。

とすれば、この「暗黒時代」の第Ⅱd層の文化は、ヒッタイト帝国の崩壊後に帝国の文化を継承しながら徐々に生まれたものとは考えにくく、ある意味では中央アナトリアに完成した形で移入してきたと捉えることも可能となる。「暗黒時代」の最下層の土器の彩文様式などを観察する限り、何れも完成度の高いものであり、漸次的に変容したものとは考えにくい。

これまでアナトリアでおこなわれている発掘調査報告書を紐解くと、この類いの彩文土器は、中央アナトリアから地中海に挟まれたいくつかの遺跡から出土していることがわかる。とすれば、この「暗黒時代」と呼ばれていた第Ⅱd層の文化は、中央アナトリアだけで捉えるのではなく、南アナトリア、南東アナトリア、つまり、地中海世界との関わりで考える必要があるのではないか。

それと同時に、この文化をヒッタイト帝国時代の終焉に追い込んだとする「海の民」との結び付きを考える必要があるのではないかと考えている。通説では、前一一九〇年頃、ヒッタイト帝国はエーゲ海などの島々から西アナトリアへ侵攻してきた「海の民」によって崩壊したという。カマン・カレホユックの第Ⅱd層の最下層は、ＡＭＳ（加速器質量分析）の年代測定で前一一〇〇年頃と考えられる。つまり、これからいえることは帝国の崩壊と第Ⅱd層の間には時間的空白が存在することになる。帝国と第Ⅱd層とは文化的には類似性がないこと、そして第Ⅱd層の文化は最下層の段階ですでに完成形であったこと、さらに第Ⅱd層の彩文土器を観察するかぎり南アナトリア、南東アナトリア、つまり。地中海、キプロス方面からの文化との結び付きで考える必要があること、などから次のような推測が成り立つ。ヒッタイト帝国崩壊の後、一時の空白が中央アナトリアには生まれるが、その後、そこを埋める形として南、南東アナトリアから第Ⅱd層の文化が移入してきたのではないかとする考えである。その文化は、アナトリア独自のものではなく地中海世界のキプロスなどを含む島々、地中海に面した地域が生み出した文化ではないかと考えている。

もう一つは、鉄の問題である。古代中近東世界の鉄器時代の開始は、ヒッタイト帝国が崩壊した前一一九〇年以降とされる。ヒッタイト帝国が終焉を迎えたと同時に古代中近東世界で一気に鉄器使用が始まったことから、帝国が製鉄技術を秘密裡に保持していたのではないかとする仮説が生まれた（拙著『鉄を生み出した帝国』日本放送協会出版、一九八一年を参照）。この中で鉄生産を行っていたのは帝国の中でも鉄生産の技術が漏洩しない場所としてアラジャホユックではないかとする私の考えを述べた。

しかし、この三十三年間、カマン・カレホユック発掘調査をおこなっているうちに、自分の見解に疑義を抱くようになってきている。これまでおこなったカマン・カレホユックの発掘調査では、ヒッタイト帝国時代の文化層はそれほど分厚く確認されているわけではない。帝国時代にカマン・カレホユックがどのような役割りを演じた都市だったのかもはっきりしていない。どちらかというと、これまで確認した建築遺構などを観察する限り、カマン・カレホユックは帝国時代の一地方都市に過ぎなかったのではないかと考えている。

しかし、そのような地方都市と考えているカマン・カレホユックの北区で、次々と鉄関連資料が数多く出土していることは、これまで抱いていた私の考え方を根本から再考せざるを得ない状況になっている。カマン・カレホユックでは、帝国時代はさることながら、ヒッタイト古王国時代、その直下のアッシリア商業植民地時代からも鉄関連資料が出土している。さらに、アッシリア商業植民地時代直下の前三千年紀の第四四半期からも鉄関連資料が確認されている。それらの資料の中に鉄滓も含まれていることは驚愕に値する。

ここまで鉄関連資料がヒッタイト帝国時代以前の文化層から出土しているということ、特に、前期青銅器時代からも出土しているということは、秘密裡にアラジャホユックでのみヒッタイト帝国時代に製鉄が行われていたとする私の仮説は訂正せざるを得ない段階に入っているのではないかと考えている。カマン・カレホユックのようなヒッタイトの一地方都市で、かくも多くの鉄関連資料が出土するとなると、帝国時代の鉄生産は、限定した都市だけではなくもう少し広い地域で鉄生産は行われていたと考える方が妥当であろう。そしてその技術は、帝国時代に考案されたものではなく、前期青銅器時代、前三千年紀の第四四半期にはすでに人々が習得していた技術であった可能性が極めて高いのではないかと考えている。

それともう一つ記述しておかなければならないことは、前期青銅器時代、前三千年紀第四四半期の大火災層である。これまでの通説では、この大火災層はコーカサス、カスピ海周辺に居を構えていた印欧語族がアナトリアへ侵攻した際に生じたものといわれている。この火災層は何もカマン・カレホユックのみで確認されているのではなく、アナトリアの他の遺跡でも認められるものであるし、古代中近東世界の他の都市でも確認されているものである。カマン・カレホユックでは大火災層を現在盛んに掘り下げているが、これが印欧語族の侵攻の際に生じたものとするのであれば、大火災層直下から出土する土器をはじめとする遺物と大火災層、そしてその直上から出土する遺物の間には当然のこととして少なくとも差異があってもいいことになる。

容易に言えば、大火災層、その直上の文化層から出土した遺物が、大火災層直下の遺物とはっきり相違が認められてもいいということになる。とすれば、大火災層、あるいはその直上から新たに出現する土器形態、彩文土

前3千年紀第四四半期の大火災層

器などは、大火災層の直下からの文化を継承したと考えるよりは、前期青銅器時代の第四四半期に侵攻し焼き討ちをした民族との結び付きで考える必要があるのではないか。これを解明するには、カマン・カレホユックだけでは至難の技である。他の遺跡、特にコーカサスの北側、あるいはカスピ海周辺地域の遺跡の前三千年紀第三、四四半期の層序、特に第三四半期から出土する遺物との比較考察が極めて重要なポイントを占めるものと考えている。

アナトリア考古学研究所では発掘調査と同時に、これまで出土した資料の整理をおこなってきている。この作業は膨大な資料であることを考えると、一朝一夕で整理のつくものではないが、二〇一六年の段階で、おおよその道筋はついた。発掘調査の資料は一研究者、一研究機関のものではないことは既に述べた通りである。そして資料は、多くの研究者に早急に提示できる状態でなければならないと考えている。

整理が終了した資料を駆使しながらこれからも数多くの理論が、若手研究者の間から間違いなく生み出されるものと期待しているし、考古学の先導的役割りを演じるだけの人材が輩出されるものと確信している。

第二章　発掘現場と労働者

発掘調査は静かに続く

発掘調査は、毎日大きな発見があるわけではない。むしろ、ほとんどないといっていい。発掘が始まると同時に、チャパで地面を掘りさげる際に出る音だけが、現場にコツコツ響いているだけである。飽きても仕方ないと思うときもある。労働者同士がおしゃべりをしたくなる気持ちもわかる。

このような単純作業を続ける上では、きっちりと労働者に発掘目的を伝えておく必要がある。担当している発掘区の調査目的を理解しているのとしていないのとでは、雲泥の差がある。

毎週土曜日、十二時から一時間、労働者向けの授業をおこなっている。場所は、遺跡の頂上部にある労働者が休憩をとるところである。毎年、最初の授業は考古学の「いろは」から始める。スコップで掘った土を除去する作業はどのようにするのか、木札にはどのように記載するのかなど、作業をする上で必要なことを次々と白板に書きながら説明をする。なかでも新しく入ってきた十代の子どもたちは、真剣なまなざしで聞いている。この中からウスタが出てくることだろう。目的意識をもって発掘をおこなってほしいという、私なりの願望である。

目立った成果をあげたシーズンもあるし、逆のシーズンもある。オズギュッチ先生がよくおっしゃっていた。

「何も出土しなければしないで来シーズンこそはと思うし、出土すれば出土したで、来シーズンはもっと出土してほしいと思うのが発掘者」

先生は上手いことをおっしゃったと今さらながら思う。

朝六時から午後二時までの作業

一日は以下のようなスケジュールで進んでいく。私は早朝、遅くとも四時には起床する。発掘調査が始まると、われわれとともに起居するムスタファ・アービは、コックより先に起きてお祈りをすませ、窓を開け放って、チャイをわかす。隊員が集まる食堂に行くと、彼は片すみに座っている。ムスタファ・アービは、だれが起きてこないといっては声をかけに行くこともある。

少しずつ高原が輝きだす。食堂には少し焦げたようなチャイの香りが流れてくる。テーブルの上にはカマンで焼いているパン、ゼイティン（オリーブの実）、白チーズが並べられている。

朝食後、五時四十分に車で発掘現場に向かう。私から隊員に教えることはさほどない。発掘の仕方、層序の見方、遺物のとりあげ方、日誌のつけ方などをたまには教えるが、あまり細かくいわないことにしている。実際に発掘調査をしながら徐々に学んでいけばいいと思っている。

発掘調査は六時五分前に開始するが、労働者で遅刻する者はまずいない。まれに十代の若者の中に寝坊して遅れてくる者もいる。寝坊した労働者は作業に遅れてしまっては大変とばかり、一・五キロ離れた村から現場まで全速力で走ってくる。

発掘作業が始まって三十分くらいしたところで、全体を見回るのも私の仕事の一つだ。ウスタとその日の仕事の打ち合わせをおこなうのも日課である。現場にきていない労働者がいれば、必ずウスタにその理由を聞く。それから、ウスタ、カルファを交えて、その日の作業内容を丹念にたずねる。こちらからはとりたてて指示することはない。ウスタともなれば、隊員よりもはるかに発掘技術が優れているからだ。このとき、すべての労働者に声をかけるようにしている。

「元気にしているか」

「お父さんの具合はどうだ」

「学校の試験はうまく通ったのか」

「学校はいつ始まるんだ」

声をかけるだけで、現場の雰囲気ががらりと変わる。

九時に三十分の休憩（現在は、休憩は十時三十分から十一時十五分まで）、労働者はここで朝食をとる。早朝は日中の暑さとは比べものにならないくらい涼しいが、それも九時までである。七月に入ると、日陰にいればそれほどの暑さを感じないが、発掘作業はかんかん照りの強い陽射しのもとでおこなわれるから、暑さとの闘いになる。少しでも風が吹いてくれるといくらかはましだ。ただ、四十度を超えると、わずかの風もそれほどの助けにはならない。陽炎《かげろう》がたちはじめるのも、この頃である。じりじりと何もかもを焼け焦がすような暑さは、時折、思考能力をも鈍らせる。数分の時間の経過が一時間にも感じるときがある。四十八度の暑さを体験した年もあった。

そのあとは十二時まで作業、十五分の休憩（現在はこの休憩時間はない）をとる。このときに食べるスイカやメロンの味は格別だった。

これ以降は地熱も加わって、作業不能に近い猛烈な暑さとなる。トルコの水や食事に不慣れということもあり、日射病で倒れる学生の隊員が毎日のように出てくる。ウスタに命じられて水を運んでいる学生隊員もいる。欧米やトルコの発掘調査隊で、労働者の指示で隊員が動くことは皆無である。カマンの発掘調査隊では、労働者が日本の学生に指示をしているからといって労働者に注意をすることはない。隊員に実力がなければトルコの労働者から自分よりレベルが低いとみなされる。労働者からさん付けで呼ばれるようになったら一人前だと学生の隊員には教えている。

午後二時まで作業、そしてパイドス（作業終了）。このパイドスを迎えた瞬間がもっとも心が安らぐときである。クレーンを動かしているハジュがメガフォンで作業終了を告げると、クレーン、ふるいが止まる。発掘現場が一瞬静かになった時ほど解放感に包まれることはない。今日も事故もなく終わることができたと思っただけで嬉しくなる。労働者が器材の整理にとりかかり、トラクターに出土資料を載せて村に帰って行く。その姿が見えなくなったとき、現場には隊員の声が聞こえるだけで、遺跡には静寂が戻ってくる。そのあとにわれわれは車でキャンプに戻る。疲れ切っているのだろう。車の中で口を開く隊員はいない。十分ほどでキャンプに到着。二時十五分、隊員が食堂に集まってくる。

出土遺物を載せたトラクター

六時からミーティング、七時半に夕食。八時三十分頃から出土遺物の整理や日誌をつける作業。十時頃になると、モスクからエザンが流れてくる。十一時頃には就寝。深夜は満天の星空の世界になる。

このような日程を毎日こなすだけである。それが一年だけではない。二年も三年もそして四年と続く。ふと気がつくと私の場合、アナトリアでの発掘調査も四十五年目に入っていた。カマンに訪ねてきた人が、私の一日のプログラムをみて、「まるで修道僧のような生活をしていますね」と言ったことがある。外部から見るとそう思われるのかもしれない。

発掘作業はかなり重労働なので、せめてお腹いっぱいになる食事を用意するようにとコックには伝えている。これは私の考えである。私が留学生時代、トルコの発掘調査に参加していた頃は、正直いっていつもひもじかった。ひもじさで眠れなかったこともあった。発掘現場をいくつも渡り歩いたものだ。どの発掘現場でもお腹いっぱいになるほど食べたことはなかった。そのような思いから、カマン・カレホユックでは調査開始当初から腕のよいコックを雇い、おいしい料理をつくってもらっている。いくら食べてもいいから隊員には元気に発掘をしてもらいたいものである。嬉しいことにコックのムスタファのトルコ料理はとても評判がいい。

仕事の内容と手順は不変

トルコへ留学する前に東京で親代わりをしてくださっていた評論家の坂西志保さんを訪ねたことがあった。確か、一九七二年の八月だったと記憶している。坂西さんは帰りぎわに次のようなことをおっしゃった。これはいまだに忘れずに守っている。

「幸弘さん、発掘現場に行ったなら、まず第一にきっちりしておかなければならないことは寝る場所です。それを確保しなさい。それとフィールドではちゃんと食事を取りなさい。この二つが大事ですよ」

長期間のフィールド生活を毎年おこなうのであるから当然といえば当然である。今さらながら良いことを教えていただいたものと思っている。一時帰国をした際には、大磯の坂西さんを訪ねては発掘報告をしていたことが懐かしい。カマン・カレホユックのキャンプづくりを開始したときには、坂西さんからいわれたことがつねに脳裏の片隅にあった。

食事のことも、寝る場所にしても隊員にとって快適な環境を整えるのも、私に課せられた仕事の一つだと思っている。また、毎日おこなうキャンプでの仕事もどのようにすればスムーズに流れるかを考えるのも私の仕事である。

発掘作業は、ある意味では単純作業だ。毎日少しずつ掘りさげる。そして出土した遺物を丁寧に整理して行く作業が続くだけである。飽きがこないかとよく訊ねられることがある。人間であるからたまには飽きがきてしまう。

ただ、一つだけいえることは、毎日おこなう仕事の内容や手順を変えたことはない。そして、隊員たちに必ず実行させているのは、その日のうちにできるかぎり日誌をつけるように指導している。発掘成果を記すことだけは発掘区を担当している隊員の義務である。人間の記憶は頼りないものであり、一日、二日たてば、必ず曖昧な部分がでてきてしまう。それを思い出しながら書き記すのは、ある意味では情報を操作することにもつながる。

ちなみに、私は日誌をつけるノートを変えたことがない。同じメーカーのノートを使う。そんなことになぜこだわるのかといぶかる人もある。ただ、われわれの仕事はある意味で「定点観測」である。一つの視点をかたくなに守り、同じ方式で根気よく対象を見守り続けて、はじめて、微妙な変化を逃さずに捉えることができると私は信じている。

このようなことをいちいち実行しているので、カマン・カレホユックの発掘調査の進み具合は、とても遅い。他の遺跡に比べると、三分の一程度のスピードではなかろうか。私の一生をかけてもカマン・カレホユックの発掘調査は終わらないだろう。

発掘調査という仕事はある意味で単調で、既述したように、毎日、同じ作業の繰り返しである。その積み重ねによって成果を得られる。だが、報われないことのほうが多い。それでもとにかく淡々と掘る。それしか私には道はないのではないか、と思っている。日本で時折、講演をすることがある。講演後、「何を発見したときが一番嬉しいですか」と質問されることがある。

「金製品が出土したときですか、それともたくさんの宝物が見つかったときですか」

ただ、カマン・カレホユックの発掘調査では、そんな発見は今までのところ一度としてない。

他の取材のついでにカマンを訪ねてきたテレビのクルーが、がっかりした様子で、「何も映像になるものはありませんね」と言ってキャンプを離れたのが今でも記憶に残っている。

ソネルが兵役から戻る

発掘調査には、研究所のあるチャウルカン村から例年かなりの労働者を採用する。二十歳前後の若者が沢山入ってきたときほど嬉しいことはない。元気な上に飲み込みが早いこともあるし、現場ですぐ戦力になってくれるのがなによりである。ただ、二十歳前後の若者は、発掘調査中に、兵役に取られることがある。いくら義務とはいえ、「取られてしまう」というのが私の実感である。

現在、トルコでは徴兵制が二十歳以上の男子に対して課せられている。一般には二十歳になると兵役に応じなければならない。兵役期間は高卒以下の場合は十二カ月であり、大学卒は五カ月である。以前に較べると兵役期間が大分短くなってきたが、それでも兵役は若者にとっては大きな負担だ。結婚の条件として、仕事に就いているかがあげられるようだが、兵役が終わっているかも大きな条件のようである。発掘調査を盛んにおこなっている最盛期に兵役に行く若者がいると、調査にとってはかなりの痛手である。とくに、これからいくらでも鍛えられる若者に現場を去られるのは、かなり堪《こた》える。逆に、発掘調査中に兵役から戻ってきた若者を迎えるのは、なんともいえないぐらい嬉しい。

その一人、ソネル・エルバシュのことは忘れがたい。十四歳のときから発掘調査を手伝ってくれていた彼が二十歳になったところで、兵役に出かけることになった。その挨拶に発掘現場の私を訪ねてきたとき、「来週にソネルが兵役に行くが、みんなで元気に送り出してやろう」とささやかではあったが激励会を開いた。彼は今にも泣き出しそうな顔つきになった。

「オオムラさん、みなさん、来週から軍隊に行ってきます。僕が国を守りますから安心してくださ い」

と言ったまま、もう声にならなくなってしまった。ほとんど泣き顔になっている。兵役に出かける若者は、出発する二週間ほど前から仲間と夜通し歌を歌っては村を練り歩くのが慣習になっている。彼もそのグループに入って騒いでいたものの、どうしても発掘現場のことが忘れられなかったようだ。村を離れる前日にも訪ねてきた。もうすでに覚悟はできているようすだった。はじめて親許、故郷を離れるソネルにとって兵役はそう容易なものではない。いかに兵役が義務であるといっても、つらいものはつらい。兵役から帰ってきた者からは、軍隊の厳しさを聞いている。陸軍、海軍、空軍、軍警察のどこに配属されるかも、まったく知らされていない。不安もつのっていることだろう。

そして、十二カ月が過ぎた。彼の時は長く感じた。ソネルから、「シリア国境近くで兵役を終えた」と電話がかかってきた。たちまちキャンプでは、この話でもちきりになった。八月十五日、ソネルは村へ帰ってくるなり発掘現場に飛んできた。

「兵役を終え、帰ってきました」

直立不動になって大声で叫んだ。私は、そんなことをまったく無視するかのようにソネルに言った。

「ソネル、何をのろのろしているんだ。発掘は始まっているんだよ」

それ以上の言葉をかけることができなかった。嬉しさのあまり泣いているのは、私のほうだった。発掘現場が一気に明るくなったのはいうまでもなかった。

発掘現場での禁煙を実施

二〇〇一年に発掘現場内での禁煙を決め、翌年からは一定の場所での喫煙を奨励していた。そして二〇〇五年には作業中の禁煙を決定した。その最大の理由は炭化物の年代測定に関わる懸念があったからだ。出土する炭化物の上にタバコの灰が落ちることによって、それ程ではないにしても、年代測定に誤差が生じる可能性があるのではないかと思ったからだ。実際にはそんなことはないのだが。数年前から労働者にはこのことに関して説明してきてはいたものの、禁煙となるとかなりの不満が出てくることは覚悟をしていた。ストライキになることさえ懸念していた。

トルコ人のタバコ好きは驚くほどである。チェーン・スモーカーはいたるところにいる。チャイハネに入ると、数メートル先がかすんでいるときもある。二〇〇四年の発掘調査終了日には、労働者に来シーズンからの禁煙について伝えた。

十二年にわたって、われわれの発掘調査の中核になって働いていてくれていたドゥラックが初日の応募日にあらわれなかった。彼はタバコ好きで、それがひょっとしたら応募をしなかった理由なのかもしれない。応募最終日にもついにあらわれなかった。この年は、禁煙が影響したのか、高年齢の応募者が極端に少なかった。しかし、実際に発掘調査を始めると、ほとんど不満は出なかった。六時の作業開始前に喫煙所でタバコを吸い、あとは淡々と作業を続けるのである。

「作業が始まれば、時間なんてすぐにたってしまう。タバコのことなどすっかり忘れているときもある」

そんなことを言って私を喜ばせようとする労働者もいた。ただ、一つの習慣を変えるのはもの凄く難しい。禁煙ぐらいならまだいいが、宗教に関わることになると容易ではない。欧米の調査隊は、どちらかというとなるべく宗教には触れないようにしているようだ。

ジャーミでのお祈り

欧米の研究機関の発掘調査は地元の慣習にしたがっているところがほとんどである。トルコ人の多くはイスラーム教徒であるから、一日五回の礼拝は当然であるし、金曜日ともなるとジャーミ（モスク）に行く者も多い。カマン・カレホユック発掘調査の休日は日曜日である。アメリカをはじめ欧米の外国隊には金曜日を休みにしているところが多い。カマン・カレホユックの発掘調査では、金曜日も普通に作業をおこなうが、ジャーミへ行きたい労働者がいればそれはそれで認めている。発掘現場のそばでお祈りすることも良しとしている。

ほぼ二十年以上前になるだろうか、金曜日の日にはなんだかんだといってはジャーミへ行く労働者が増えてきた。余りの多さに少し嫌気がさしてしまった。労働者をまとめていたムスタファ・アービにいわせると、ジャーミへ行くといっている労働者のほとんどはジャーミへは行っていないとのこと。これにはいささか驚いてしまった。なんということはない、私を騙していたに過ぎない。ムスタファ・アービは毎週金曜日には必ず村のジャーミへ行っているし、だれがジャーミにきているかぐらいは十分に把握している。村には三つジャーミがあるが、どうも発掘現場の労働者はいずれにも行っていないことがムスタファ・アービの情報で明らかになった。このままにしておけば間違いなく発掘調査にも影響してくる。彼らは私に嘘をついていたことになる。

私に嘘をつくのを許したとしても、彼らは自分たちが信仰している神に嘘をついたことになる。イスラーム教ではハラム（禁忌）である。これは絶対許されることではない。いつも神は絶対であると彼らはいう。それなのにジャーミに行くと言って平気で嘘をついているではないか。そのうえジャーミへ行っている時間帯も手当が出ている。彼らと話す前に何度もコーランに関する本を読んでみた。神に対しての嘘、そしてなおかつ日当ももらうなどということをコーランが認めているはずもない。ムスタファ・アービにも何度となく相談した。

翌日、ジャーミへ行くと言って私を騙し続けていた二十五人の労働者をキャンプに呼んだ。そして私は彼らにゆっくりとした口調で話した。

「私を騙すのはまだ許す。ただ、君らのやったことは神を騙したことにはならないのか。ジャーミへ行くと言ってチャイハネで遊んでいたというではないか。神を悪用したことにならないのか。日当まで私から騙しとっていたことにならないのか。そんなことを神は許すと思うのか。思うなら今私に説明してみろ！　今ここで君らを全員解雇する。それと言っておくがもう二度と君らを採用しない。それだけは一生涯忘れることはない！」

本当に腹が立つということがある。このときばかりは、無性に腹が煮えくり返った。それからというものだれ一人としてジャーミへは行かなくなった。何もジャーミへ行かせたくなかったのではない。騙されていたのが不愉快なだけだったのである。宗教が絡んできたときには慎重に対処しなければならないし、決して感情的になってはいけないこともこのときに教わった。

それまでの習慣などを止めるようなときには、相当考えに考えて行動する必要があろう。とくに宗教に関しては慎重にしなければならないことが多い。ただ、いえることは宗教でも労働者が間違っていると思ったときは、敢然と立ち向かうだけの勇気が必要である。その勇気もきちっとした裏付けがなければならないことは当然である。

保存修復専門家

発掘調査では、既述したように大量の土器、獣骨、青銅製品、鉄製品などが出土する。それが毎日のようにキャンプに入ってくるため、どうしても現場で遺物の取り上げをするフィールドコンサベーターが必要となる。

カマン・カレホユック発掘調査では、早い時期から専門家を招聘した。日本からもぜひ参加してほしいと思っているが、二カ月、三カ月の長期間で参加できる専門家はそれほど多くない。大切なことは、採用するフィールドコンサベーターは、どの遺物も保存処理するだけの能力がなければならない。つまり、万能でなければなかなか務まらない。フィールドコンサベーターは、欧米のいくつかの大学で養成されている。アナトリア考古学研究所では、例年十月から十一月にかけてこのフィールドコンサベーターを募集している。毎年、応募してくる人もいる。

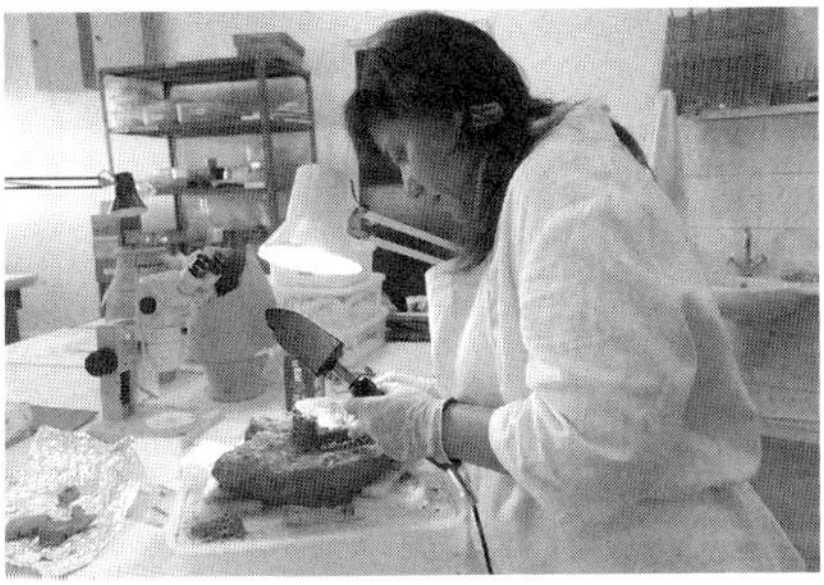
ナディアさん

二〇一二年のフィールドコンサベーターとして、ギリシア人で、女性のナディアさんを採用し、発掘調査期間中に常駐してもらった。彼女はこれまでいくつもの発掘現場でのフィールドを経験してきており、われわれに

フィールドコンサベーター

とって最適のフィールドコンサベーターだった。ナディアさんはときどきギリシア料理をつくってくれ、研究所のコックのムスタファと料理の起源について論争をしていたのは愉快だった。というのは、料理の名称はトルコとギリシアではいくつも同名のものがあり、どちらが本家かで論争が繰り返されていたのである。歴史的にトルコとギリシアはあまり関係がよくない。ナディアさんの参加でどうなるのか、といささか心配だった。しかし、それはまったくのとり越し苦労だった。

アナトリア考古学研究所では、フィールドコンサベーターは、遺物の取り上げ、修復、処理、そして管理にはものすごい能力を発揮する。フィールド、つまり発掘現場でも特殊な遺物を取り上げることもできるし、研究所に運んできてはすぐ修復に取りかかることもできる。そのうえ、私が最も大事にしているのは後継者の養成のできる人で、トルコ人とも上手くやれる人がフィールドコンサベーターにふさわしいと思っている。

これまで、村の労働者から土器の修復の専門家を養成してくれたのも欧米のフィールドコンサベーターだった。チャウルカン村出身のエルチン・バシュ君は、発掘開始当時にフィールドコンサベーターであるG・ワルトンさんの指導を受けた。

彼はカマンで八年ほど働いたのちに、ロンドン大学で博士号を取得し、現在ではニューヨークの大学で教鞭をとっており、若手のコンサベーターを養成している。ワルトンさんは親身になって彼に土器の修復技術を教えてくれた。エルチンは素直なこともあり、新しい技術を覚え、現在ではアナトリア考古学研究所で毎年おこなっている「博物館学フィールドコース」の講師をつとめている。そしてトルコの学芸員に土器の修復技術を教えている。カマン・カレホユック考古学博物館に展示されている土器の九割方は彼の手によるものだ。エルチンが素晴らしい専門家に成長した背景には、やはり優秀なフィールドコンサベー

エルチン・バシュ君

G・ワルトンさん

「博物館学フィールドコース」講師

ターを研究所に招聘したことがあったのではないかと思っている。

いちばん多い質問

「なぜ、発掘調査をおこなうのですか」

発掘現場で労働者から何度この質問を受けたことだろうか。当時の生活を復元する、アナトリアの歴史と文化の特異性を考える、などと言ったところで、現地ではとうてい理解してもらえない。「復元してどうなるのか」と逆に質問されてしまう。

東洋の島国からわざわざアナトリアまでやってきて発掘調査をすること自体、村人にはなかなか理解してもらえない。彼らにいわせれば、カマン・カレホユックの遺跡で、日本人が何かを探しているのだという。そうでもなければ、日本からはるばるやってきてここで発掘調査するはずもないという。ましてや、発掘期間中、労働者に賃金まで支払うのだから、それに見合っただけの黄金を探しているに違いない、と思っているようだ。

日本では「費用対効果」という言葉をよく耳にするが、カマン・カレホユック発掘調査は、それとは正反対のことをしているようなものだ。費用をいくらつぎこんでも、成果が出るとは限らない。むしろ望むような成果は少ない。

金製の指輪

第一次発掘調査の際、金製の指輪が出土したときには、チャウルカン村は大騒ぎになったという。村人にとっては黄金が発見されるか否かが大きな問題であり、当時の文化がどのようなものであったかなどにはまったく興味もないようだ。金の指輪の発見は、いつの間にか日本隊は黄金をロバの背にのせて毎日のようにキャンプに運んでいるとの話になってしまった。そんなことはないといっても、当時、村ではだれも信じる者はいなかった。

労働者たちと話をしていると、ときどき腹を抱えて笑い出すことがある。彼らにいわせれば、日本からわざわざトルコまできて土器片、陶磁片を手にして喜んでも仕方がないし、それよりも金貨がざくざく見つかったほうがいい、という。その金貨を売って車を買い、残りは結婚資金に使うのだ、と嬉しそうに語っている。

このようなことを何度も耳にしていたため、毎年、発掘調査終了後、出土した遺物をキャンプのミーティングルームに並べては、労働者や村人を招いて小さな展覧会を開催した。さらに、村の小学校の廊下を借りて、出土遺物の写真展もおこなった。そして現在では毎週土曜日に考古学の授業をおこなっている。この授業では発掘の仕方から、遺物の取り上げ方、測量機器の操作の仕方などを教えている。また、ウスタには日誌の書き方なども懇切丁寧に説明をしている。こうしたことを通して、なぜ発掘調査をおこなうかの説明を重ねてきた。

労働者と査察官の関係

しかし、こういった授業などの活動が皆に喜ばれていると思ったら大間違いである。というのは、労働者に発掘の仕方を教えること自体、文化・観光省から派遣された査察官の気に触ることが多いようだ。

査察官は、大学の考古学科を卒業して文化・観光省に採用される。学生時代に発掘調査に参加していた査察官であれば、少しは発掘の基本は知っている。しかし、一度も発掘を体験したことがない査察官も、カマン・カレホユックにやってくることがある。発掘現場を踏んでいないため、発掘の器材に関する情報もない。発掘の仕方もまったく理解できない。そのような査察官が派遣されてくると悲劇である。

彼らは、労働者たちの授業に出てきても、まったくついてくることができない。労働者も査察官がほとんど発掘のことを知らないとなると舐めてしまう。それはある意味では仕方がない。ただ、困るのは私である。「労働者に発掘の仕方を教えるのはトルコでは禁止になっている」という査察官もいる。さらには、労働者全員を集めて、「君らは発掘の基本など覚える必要はない、黙っていわれた通りにやっていれば十分だ」という査察官も出てくる始末である。情けないというか、自分が知らないことを棚にあげているだけである。ここまでくるともうコンプレックスのかたまりのようなものだ。

このようなことに悩まされる年もある。できるだけ査察官にも測量機器などの使い方を教えるようにするが、知らなくても、「私は知っている」と言われてしまうと、それでお仕舞いである。あとは一切発掘現場にはいられなくなる。そして毎日考古局から送られてきた隊員名簿をみながら隊員の動向のチェックに専念することになる。

簡単にいうと、調査隊にとってはどうやって査察官を発掘現場に無理なくスムーズに入れていくかが大きなテーマとなる。上手く入ってくれたときは大成功であるし、それが失敗したときは苦労の連続と思ったほうがいい。

ヨーロッパのトルコ人

最近になって、時折、トルコのテレビのクルーがカマンの発掘現場にもやってくる。彼らは撮影したものをまとめてヨーロッパでも放映しているとのこと。そのようなことがあるのかもしれない。ヨーロッパから一時帰国をしたトルコ人の労働者が、カマン・カレホユック考古学博物館を訪ねてくるようになった。

彼らから聞いた話であるが、チャウルカン村出身の人々がドイツで一堂に集まる機会があると、必ずカマン・カレホユックの話になるのだという。テレビで放映されていたとか、新聞の記事で紹介されていたとか、カマン・カレホユックの遺跡には五五〇〇年の歴史が眠っていることなど、話題の中心になったりするそうだ。

私が労働者に話していることがテレビ、新聞記事を通してドイツのトルコ人の耳にも入っているのかと思うと、嬉しい反面、間違ったことはいえないな、と気を引き締めてしまう。どうやら村人もやっとカマン・カレホユックに関心を示しはじめているのは事実のようだ。

風が発掘調査の終わりを告げる

八月中旬になると、最終日を考えながら作業を進めていく。最終日、つまりあとどれだけ発掘できるかを考えるのである。あまり無理をしないようにするが、やはりもう少し発掘を続けたいというのが私の性格である。最終日を想定しなければならないが、最終日のことは考えたくないという二律背反的な気持ちになってくる。

八月中旬の早朝は、なんともいえない爽快さがあって本当に気持ちがいい。作業開始の際の見事に晴れ渡った青空を眺めていると、不思議なことにそれだけで幸せな気持ちになってくる。

澄み切った早朝の空気のなかに、一瞬ではあるが秋に出会うことがある。山の色に秋を見つけることもある。風の音に秋を感じることもあれば、土のにおいに秋を感じることもある。アナトリア高原が秋に入ったことを告げていても、注意深く観察していないと、なかなか気配をよみとることは難しい。

前日にはまったくなかった少し冷たい風が、高原を一瞬、通り抜けたことがあった。その一瞬の風には驚いた。その後、何にもなかったかのようにすぐに真夏の朝に戻った。しかし、その翌朝も一瞬ではあるが冷たい風がさっと吹きつける瞬間が間違いなくやってきた。今度は時間が少し長かった。発掘終了が近いことを風が教えてくれた。

九月も中旬を過ぎると、早朝の六時はまだ薄暗く、作業ができる状態ではない。発掘器材を用意しているうちに徐々に夜が明けてくる。寒さも一段と厳しくなってくる。息が真っ白になるほどの寒さである。暖をとるために薪を焚く時期になる。遺跡の周辺にあるヤナギ、ポプラの枝を払っては薪にするのが、労働者の朝の仕事である。焚火に手をかざして日の出を待つ。

発掘調査終了が近いことを労働者は知っている。最終日が近づくにつれて労働者の口数もめっきり減ってくる。これからの生活のことを考えると、当然のことかもしれない。発掘調査が終われば、その後、九カ月間、アンカラ、イスタンブル、イズミル、あるいは地中海のアンタルヤへ出稼ぎに行く。多くの者は生活の糧を得るために建設現場で働くことになるという。できれば家族のいる村に残って仕事をしたい、というのが彼らの気持ちだ。彼らに残せる仕事があればいいのだが、あとは保護屋根を架け、遺物の整理作業があるだけだ。労働者を二十人も必要としない。

終了日には例年、私が労働者に話をする。

「今回も発掘調査を手伝ってくれたことに、心から感謝する。成果は充分にあげることができたが、それ以上に嬉しかったのはだれ一人として怪我をする者もなく終えたことだ。これも神のご加護があったからだと思っている。これから村を離れて出稼ぎに行く者は、とにかくからだに気をつけてほしい。来年の六月にまたこの場所で会えるのを本当に楽しみにしている。何か困ったことがあったら、ムスタファ・アービにすぐ連絡するように。心から感謝する」

村に帰る労働者が一人一人握手を求めてくる。

「春まで出稼ぎに行ってきますが、六月になったら必ず戻ってきます」

カルファのアイクットは、そう言った後トラクターに飛び乗った。トラクターのエンジン音が遠のくにつれ、遺跡に静寂が戻ってくる。

発掘区に保護屋根を架ける

十月に入ると、時折、雨が降る。雨ならまだいいが、少しでも気温がさがると雪になるときもある。雪になると保護屋根を架けることもできない。

二〇一二年には、北区の発掘区の深さも十二メートル以上になっていた。十二メートル以上の発掘区の深さは、冬季の作業休止期間中に、激しい風雪によってもろくも崩れることもある。そこに屋根を架ける

ポプラの植栽

のは至難の業である。同時に、万一、事故でもあったらと思うと、不安な気持ちに駆られることがある。遺跡の周囲にポプラの木を植え、成長した木を伐採して支柱として使い、その上にトタン屋根を架けて覆っている。

保護屋根を架けるには、それなりの時間が必要である。アナトリアでここまで遺跡を保護している例は少ない。発掘調査を終えた遺跡の多くは、冬期間、雨と雪にさらされたままになっている。「なぜ、保護屋根を架けるのか」とよく質問される。うまく答えられない。ただ、「ひと冬で折角発掘したところが、雨と雪でぼろぼろになってしまうから」と答えることにしている。

文化とは、歴史とは、文化財とは、と議論するシンポジウムなどに参加することがある。「発掘した遺跡を保護するのは発掘者の義務である」とフィールドでもよくいわれる。ただ、それがかけ声だけに終わっているのが現状であり、発掘現場を離れた研究者は、あとは現地の博物館に任せるというのが一般的である。

カマン・カレホユックの発掘調査を開始する前に、私には実行してみたいことがいくつかあった。その一つが発掘区の保護だった。どうすればそれが可能になるのか、私は真剣に考えた。調査隊の中で何度と

テントによる遺跡保護

なく討論を繰り返した。最終的に出した結論は、「とにもかくにも、発掘区全体に屋根を架けて、徹底的に保護すればいい」ということになった。そこまでたどりついたものの、では、どのような方法を採るべきかが問題であった。アナトリアで何かサンプルになるものがないか調べてみたが、まったくそれらしきものはなかった。自分たちで考える以外に道はなかった。

ある隊員は、テントを提案した。第一次発掘調査の発掘区が十メートル×六十メートルであることを考えると、それは可能であり、試みることにした。しかし、アナトリア高原では秋口から冬にかけて強風が吹きまくる。その風たるや、テントなどものともしない。この強風で二度、保護屋根のテントが完全に飛ばされた。そのときは驚愕した。強風が吹き荒れてはいたが、いつもあるべきところのテントが五十メートル近く西に飛ばされているのを現場で目の当たりにしたときは、言葉を失った。さらに、この方法は発掘区が狭い場合は問題なかったが、発掘区が徐々に広がってくると、テントではどうしようもないことが明らかだった。

この体験から、費用がかさんでも「保護屋根はしっかりしたものをつくろう」ということになった。だが、木材で足場を築くとなると、われわれの力ではどうしようもない。カマンから大工を呼ばなければならなかった。テントであれば数日で終わっていた作業が、大工の入った作業ともなると数週間かかった。

いつの間にか、十メートル×十メートルの発掘区が三十一、発掘面積は第一次発掘調査の五倍に増加していた。これに保護屋根を架けるとなると、数百本の支柱とそれなりの数のトタンが必要になる。そして、その作業に熟練した労働者が必要だ。二〇〇一年の場合、保護屋根建設には、大工が八人、労働者が十五人入り、約三週間で完成した。発掘調査した遺構を傷つけないように慎重に作業を進めるには、やはり発掘調査を経験している労働者に働いてもらうのが一番である。トタン屋根にしてからは、一度として風で飛ばされたことはない。

保護屋根を架け、十二月初旬には最終日を迎える。隊員、労働者のだれ一人として、事故にあうことなくこの日を迎えると、ほっとする。もうじき、アナトリア高原は深い雪に包まれる。冷え冷えとした寒風が高原のなかを走り回っている。来年の三月初旬、高原に草木が芽生え、春の息吹が感じられる季節が、毎年のことだがただ待ち遠しい。

発掘調査に先だって保護屋根を外し終えたとき、前年度に発掘調査した建築遺構などが、雨や雪に晒さ

カマン・カレホユック遺跡の発掘区（2001 年）

れることなく冬を越し、前年度の終了時と同じ姿で現われたときは、なんともいえない喜びを感じる。

外国へ出稼ぎに行く

今にも雪が降りそうな二〇〇一年、十一月三十日、八年間、発掘現場で働いていたアーデムがキャンプを訪ねてきた。背を丸めてキャンプの入口から入ってきた。私を見るなり、何かいいづらそうな顔つきになった。彼の口から出てきた言葉は、村を離れる挨拶だった。

「オオムラさん、長いあいだお世話になりました。あす、イスラエルに出かけます」

彼が村を離れることはうすうす知っていた。

「来年の夏には戻ってくるのか」

「戻らないと思います。おそらく五年くらいは行ってくることになりそうです」

「五年とは長いね。両親は賛成したのか」

「賛成とか反対とかはありません」

目には涙をためている。「五年か」と思わず、私も彼の顔をみながらつぶやいた。彼は続けて言った。

「何も好き好んで行くわけではありません。ただ、このまま村にいても、どうしようもないことはわかっていますし」

たしかに、そうである。発掘調査が最大五カ月続いたとしても、その後のことを考えると彼らにとっては大きな問題だった。村にいたのでは安定した現金収入が得られず、生活の糧を探せないのだという。もし村で仕事が見つかったとしても数日の仕事であり、到底、親から独立できるものではない。アーデムは兵役前に六年間、除隊後は二年間働いてくれた。出土遺物、建築遺構を実測させてもなかなかの腕前で、彼には数人の若手の労働者を任せることもできた。彼がいなくなるのは発掘調査にとっても大きな痛手だった。

彼はまだ結婚していなかった。兵役も終え、二十四歳を過ぎても結婚できないのでは、村では奇異に見られるというのである。結婚をするには定職につくか、ある程度まとまったお金が必要だという。

「からだにだけは気をつけるように。それと三年前に発掘調査の途中でイスラエルに行ったメスットによろしくいってくれ。何かあったら必ず連絡してくるように。それと、もし、仕事がうまくいかなかったときはいつでも帰ってこいよ。なんとかするから」

これが精一杯だった。それ以外、彼にかける言葉が見つからなかった。

私は何も村を救いに日本からやってきたのではない。彼らの生活を安定させようとするつもりもない。ただ考古学の発掘調査に日本からやってきたのであって、村のためにきたのではない。彼らの生活のことまで考えていたら何一つできないではないか。いつものことだが、自分の理想とはまったく別のことを考え、そこに逃げようとするもう一人の自分がそこにはあった。当初はとにかく研究を中心にやっていく以外に道はないと思っていた。

　しかし、これが大きな間違いであることに気づいたのは、既述した発掘調査の二年目に起きたトラブルのときだった。労働賃金のことで労働者と折り合いがつかなくなってしまったことがある。労働者が一週間のストライキに入ってしまった時は苦しめられた。ムスタファ・アービが彼らを説得しようと何度も話し合いをしたが、なかなか解決できずにてこずってしまった。そのときには悩みに悩んだ。確かに私は発掘にきたのである。研究の資料が出土すれば十分である。それだけではないか。あとは何を望むというのだろうか。

　ただ、どうしても私には気掛かりなことがあった。出土してくる遺物のことだった。膨大な出土遺物はどうなるのか。自分の研究に使う資料だけを取り上げて、あとは野となれ山となれでは無責任過ぎるのではないか。その膨大な資料を日本から数カ月間だけやってきた研究者が自分たちだけで整理はできるのか。将来のために整理をした遺物は、研究者が発表できないこともある。

　ここで考え直さないと、この発掘調査も短期間で終わるのではないか。村人を単なる労働者ではなく、われわれと一緒に調査をしてくれている人材と考える必要があるのではないか。これが私の結論だった。

　それからというもの、私は労働者のなかでも発掘調査に積極的に関わってくれている者を十人程選んだ。そして冬場に遺物の整理をお願いすることにした。何度もいうことであるが、彼らをキャンプに入れたのは、間違いなく彼らの積極性だった。その積極性に私は乗ったに過ぎなかった。彼らは大量に出土する遺物、つまり文化財を次世代に継承する重要な人材であり、彼らがいることで、われわれは発掘調査ができる。このことを教えてくれたのも労働者たちであった。

アーデムはキャンプのコック、見張りに村を離れる挨拶をし、最後にムスタファ・アービのところに向かった。彼に別れを告げるアーデムは声をあげて泣いていた。ムスタファ・アービにいわせると、アーデムはいたずら好きの少年だったそうだ。それがいつしか独立を考えるようになったのだから、不思議なものだね、とも言った。私はムスタファ・アービとアーデムの姿を見ながら、ムスタファ・アービが労働者を本当に大事にしていること、そして分け隔てなく労働者たちと接していることがよくわかった。

アーデムのあとにも数名の労働者が村を離れる挨拶にやってきた。淋しさがつのった。無力さを心底感じた。感傷的になっても仕方がないと思った。私の気持ちは真冬のアナトリアの曇天の空に近いものがあった。

アーデムからの電話

そして数日がたった。アーデムから電話が入った。元気そうな声で、無事イスラエルに着いたという知らせだった。

「アーデム、イスラエルはどうだ。寒くはないか」

「オオムラさん、大丈夫だ。オオムラさんこそからだに気をつけてくれ。来週から建設現場での仕事が始まる。そばにメスットがいるから電話をわたす」

メスットは私のところで五年間働いた。彼も将来のことを考えるとどうしても出稼ぎに行かなければならないと言って村を離れた青年である。イスラエルに出稼ぎに行ったまままもう三年以上が経っていた。

彼の元気な声が聞こえてきた。

「オオムラさん、メスットです」

「メスット、元気にしているか。何か困ったことはないか」

「何一つない。うまくいっているから心配するな。オオムラさんが元気なことはアーデムから聞いたよ」

「一度、村に帰ってこないか。発掘調査も悪くないよ」

「もちろん、帰りたいよ。来年は、できれば発掘調査に合わせてチャウルカン村に帰りたいな。ただ、長く続く仕事がカマンにあるといいよね」

そして、メスットは彼が知っている隊員の近況について、つぎつぎとたずねてきた。

「メスット、からだを壊すなよ」

アーデムにかわった。

「オオムラさん、元気だから心配しないでくれ。メスットもいてくれるし、何も心配ないよ。また電話をかけるから」

「メスットにいってくれ。いつでも待っているとね」

電話を切ると、外は雪が降りはじめていた。

キャンプでのミーティング

発掘調査の現場で問題点が出てきたときには、もっともホットな状態で解決するのが一番で、時間が経つとなかなか上手くいかない。熱気のあるうちに討論するのがいい。その際には、発掘調査をしている者だけでなく、他の分野の研究者を入れることも研究の進展にとっては大事なことだ。ただ、これをいうのは易しいが、実際には意外と難しい。ましてや欧米、トルコの研究者を入れるとなると、さらに難しくなる。発掘現場では、調査をしている者のみで問題点の解明にあたっているのが現状だ。

夕方六時からミーティングをおこなっている。参加している学生隊員にとっては、早朝の五時起床以上に大変なことかもしれない。その日の発掘状況を、発掘区の担当者が報告する。学生隊員も報告にあたる。隊員のな

ミーティング

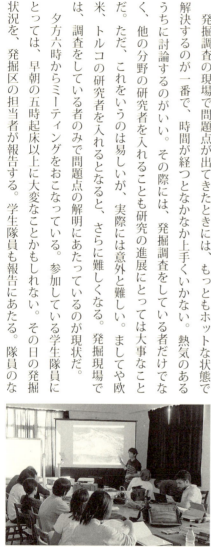

かには日本語もトルコ語もわからない欧米の隊員が多いため、プレゼンテーションは自と英語が中心となる。これがなかなか難しいようだ。出土した遺物をテーブルの上にのせ、出土状況、年代づけなどを説明することになるが、時として議論が白熱し、七時半から始まる夕食をすっかり忘れてしまうこともある。

そのような議論を何度も繰り返しているうちに、もっと多くの研究者を集めて討論ができたなら楽しいだろうな、と思った。これも、研究棟を建設する基本理念の一つになったといえる。そして、この研究棟をやがては、カマン・カレホユックのみの問題を論じる場ではなく、多くの研究者が参加して中近東考古学の問題を論じる場になれば、と思っている。

整理作業はだれがやるのか

三カ月にわたる発掘のあとには、六〜七カ月はかかる遺物の整理作業がまっている。山と積まれた遺物を丹念に調べなければならない。この作業は研究者だけでできるものではない。少なくとも、熟練した労働者を何人か養成しなければならない。これができなければ、発掘調査は完全にストップしてしまう。

当初、チャウルカン村の労働者以外に、アンカラの大学に通っているトルコの大学生三人を一年間通して採用したことがあった。彼らには、出土した建築遺構を実測したものを図面におこす作業をたのんだ。

しかし、残念なことに村の労働者から、彼らはいつのまにか遊離していた。大学生にいわせると自分たちは大学生であり、村の労働者とは立場が違うということを強調しはじめたのである。このようなことはある程度は予想していたものの、村の労働者とのいさかいが生じてきたときには、手を焼いてしまった。そんなこともあり仕方がなく大学生を手放すことにした。

その結果として、図面作成の補助として、丁寧な発掘作業をおこなう十五、六歳前後の少年を選ばざるをえなかった。チョル家のサーリヒ、ゲンジャイらだった。彼らは親戚同士であり、手先が極めて器用なことが共通していた。のちに採用したズィンヌリも同じ家系で、驚くほど几帳面な性格だった。

ただ、次々に収蔵庫に積まれていく遺物を見ているうちに、すべての遺物を収集することに疑問を持ち始めるようになった。一体これをだれが使用するのか、と疑問に思ってしまうことがあった。それは当然のことだった。もちろん、発掘調査をおこなっているわれわれが最初に資料を使うことになる。しかし、われわれだけでは到底使い切れる量ではない。多くの研究者が入ってこないことには、どうしようもない。だが、理屈ではそうであっても、現実に多くの研究者を迎え入れることはなかなか難しく、資料づくりが大変な時期もあった。

カマン・カレホユックでの資料づくりの基本は、個人の研究者の資料づくりだけではなく、これからキャンプに入ってくる研究者のための資料づくりへと徐々に変えていった。この作業の際には、個人研究についてはほとんど考えることなくおこなわなければならない。隊員のほかにトルコ人労働者が入ったことで、ここまでの遺物整理が可能になったのではないかと思っている。

一シーズンの出土遺物

遺物の分類作業

一シーズンに出土する遺物は百万点を超えることもある。それを土器、青銅、鉄、ガラス、獣骨、人骨など丁寧に分類する作業は並の努力ではできない。相当の根気が必要となる。一度、私は遺物整理に嫌気がさしてしまったことがあった。発掘調査のシーズン中にやってくる研究者の多くは、遺物整理には無頓着である。なぜ、他の研究者の資料までつくらなければならないのか疑問に思ったことがあった。

しかし、この点についてオズギュッチ先生から指摘を受けたときには、私はなるほど、と思った。

「では、その資料整理をだれがやるっていうんだね。君がやらないのであれば捨てればいいではないか。何を悩んでいるんだね、資料をきちんと整理するしか道がないではないか。それとも他人に資料を渡すのが嫌なのかね」

かなりの時間をさいて作り上げた資料を、他の研究者に手渡すのに抵抗がないといえば嘘だった。だが、それらを後生大事に持っていたとしても、なにもならないことはわかっているつもりだった。他の研究者に手渡したことによって、まったく違う視点から研究が進むことが多々ある。それが私の研究にとっても有効に作用することもある。オズギュッチ先生が、「嫌なら捨てればいい」という言葉を、「君は捨てることはできないはずだ。捨てるぐらいなら発掘をやめたほうがいい」と理解した。

既述したように、発掘調査にしても、資料づくりにしても一人でできるはずもない。数人の研究者では、できることも限られている。いつしか、トルコ人の労働者に全面的に頼るようになっていた。ここでも相手を信頼することがもっとも大切だと感じたのは、厳冬のなかでの資料作成作業のときだった。

真っ白な銀世界のアナトリア高原のなかを、毎朝歩いて通ってくる彼らを見て、何度感動したことだろう。「雪が深くて今日はいけません」と連絡があってもいいような大雪の日でも、彼らは義理堅く朝の八時には研究所にやってくる。そして、ただひたすら終日、整理作業をおこない、雪の降りしきるなかを村に帰って行く。彼らの整理の仕方は、実に丁寧である。それを側で見ていると、単に給料のためだけに仕事をしているのではないことがわかる。順序よくていねいに遺物の整理をしているのを見ていると、彼らがいかにカマン・カレホユックの世界に打ち込んでいるかがよくわかる。何度、私は彼らの姿勢にはげまされたことか。

第三章　アナトリア考古学研究所建設

研究所設立構想のきっかけ

考古学研究所設立の構想をもつようになったのは、一九八四年、カマン・カレホユック発掘調査が始まる前のことだった。一九八五年、出光美術館で「トルコ文明展」が開催された。それまでトルコが海外で本格的な展覧会をおこなったことはなく、トルコ側からぜひ日本で開催して欲しい旨の要請があり、実現したものだった。

この展覧会は東京、大阪、そして福岡を巡回し成功裡に終わった。その後、海外でおこなわれたトルコのおもな展覧会は、出光美術館の「トルコ文明展」が雛形になっている。三十年以上経った今でも、日本の美術梱包の仕方にはいろいろ教わった、梱包箱の作り方は見事なものだった、展覧会の「てにおは」を根本から教わった、などと語られることがしばしばある。その点からも、この一九八五年の「トルコ文明展」は、トルコの文化行政に大きな影響を与えるものとなった。

この展覧会を最初から最後まで応援して下さったのは、オズギュッチ先生である。一九八三年、先生と一緒に東京の池袋で古代中近東に関する展覧会を見学したことがあった。展示品はアメリカのメトロポリタン美術館からのものだった。最終日ということもあったのであろう。かなり混雑していた。小学四年生から五年生ぐらいの子供たちが展示ケースにしがみつくようにしながら、展示品を見ているのが印象的だった。

「オオムラ、日本の子供たちはこんなにも展覧会にきて夢中になっているのは驚きだ。一度でいいからトルコのものも日本に運んできたいね」

先生のこの言葉が「トルコ文明展」の切っ掛けとなった。これは既述したようにトルコ側にとっては大事業だったことはいうまでもない。それをなんとか漕ぎつけることができたのは出光美術館館長、そして出光興産の全面的な協力があったからこそであり、今もって日本に対してトルコ側は感謝の気持ちを抱いている。

展覧会の展示品などを選定する際にもオズギュッチ先生のお力を大いにお借りした。展覧会のことで先生に相談をしながら、いつの間にかカマン・カレホユック発掘調査に話題が移っていたものである。

そのときに先生がおっしゃったことは、カマン・カレホユック発掘調査を継続させていくにはそれなりのキャンプが必要であること、そして将来的には出土品を展示できる施設の必要性があるということだった。そんな話をしながら脳裏に浮かんできたのがアナトリア考古学研究所であり、カマン・カレホユック考古学博物館であった。それをニメット先生に話すと、厳しい顔付きになり、「先のことを考える必要はない。まず、発掘調査を成功させてからの話」といわれてしまった。

一九八五年にカマン・カレホユックの予備調査、そして一九八六年に本格的発掘調査が始まり、一九八九年、三笠宮記念庭園建設工事も動きだした。そのあたりからアナトリア考古学研究所の構想が徐々に浮かび始めてきた。が、当初は何か絵に描いた餅のようなものだった。

次世代を担う若手研究者の養成

遺跡のそばに研究所を建設する必要性をより強く感じはじめたのは、一九八八年であった。その背景には、欧米の研究者がこれまでやってこなかったことを一つでも実行できればという思いがあった。調査、研究をおこない、そして次世代の研究者を育成する理想的な環境をつくることができればどれだけ素晴らしいことか。一緒に作業をしている労働者のことを考えると、なんとしてもしっかりとした基地が欲しいと思った。勿論のこと、その基地とは一過性のものではないことは当然であった。

考古学の発掘調査と研究にとって何が大切かといえば、おそらく発掘以後の遺物整理であろう。しかし、それができる発掘現場は、相当に組織化されていなくてはならない。出土遺物をつねに観察できる施設が必要である。そして問題があれば、討論できる場所が側にあり、それを調べるうえでの文献資料も必要である。これが理想であることは、多くの研究者が認めるところだろう。と同時に、その実現は容易でないことを誰もが知っていることである。

しかし、私は一九九一年末に、あえてカマン・カレホユックのそばにアナトリア考古学研究所建設の構想を打ち出した。その構想の中で、すべての遺物に意味があるという理念の下に、すべての遺物を保存できる環境を整え、出土した資料が限られた研究者だけのものではなく、多くの研究者に公開されるべきであると考えた。保存された資料を使って、研究者が国籍を越えて研究、討論できる環境をつくるという理想を掲げた。今考えると理想のまた理想を掲げてしまったという感が無きにしも非ずである。

私はアナトリア考古学研究所を設立する意義の一つに、次世代を担う若手研究者の養成があると考えている。どの国の研究機関もつねにそれを念頭において活動を進めているはずである。発掘現場にも若手の研究者や学生を連れてくる。しかし、それは自国の研究者の養成であることのほうが多い。時としてトルコ人の若手研究者を養成している調査隊もあるにはあるが、それはその調査を容易にするための方便のように感じることがある。

アナトリア考古学研究所は、今までにカマン・カレホユック調査を通して、また関連分野のフィールドコースなどを開催することにより、日本、欧米、東南アジア、そしてトルコの学生や若手研究者の育成を試みてきた。研究所の完成にともない、上述のような理想的な調査研究環境を作り出すことにより、次世代を担う、より多くの研究者や専門家を養成することが可能になると考えた。そして出土した遺物をどのようにして社会へ還元するかも大きなテーマであり、文化財保存をいかに地元に浸透させるかも、極めて大切なことだと考えた。出土した遺物を展示できる博物館があれば理想的であると考えた。

こうしたことが、もしオズギュッチ先生のいう、「欧米のあとを追うな」という見解への答えとなれば嬉しい限りである。

プロジェクトが動き出す

一九九二年の十一月のことだったと思う。アナトリア考古学研究所の構想を三笠宮崇仁親王殿下にお伝えしたところ、一九九三年の殿下の「年頭ご挨拶」の中でそのことを取り上げてくださった。

一九九八年の五月三日、寛仁親王殿下がカマンのプレハブのキャンプに墨痕鮮やかな「日本中近東文化センター附属アナトリア考古学研究所」の看板をかけてくださったことで、いよいよ研究所プロジェクトは動き出した。しかし、研究所構想を打ち出し、看板をかけていただいたもののプロジェクトは少しも進展しないまま時が流れた。このまま消滅するのではないかと思うときもあった。

トルコの学生や若手研究者の育成

「日本中近東文化センター附属アナトリア考古学研究所」の看板

しかし、三笠宮崇仁親王殿下が、一九九九年に研究所の募金活動を開始してくださり、それを引き継ぐ形で寛仁親王殿下がこのプロジェクトを推し進めてくださったことで大きく前進した。

二〇〇〇年、四月、寛仁親王殿下から参邸するようにとの連絡をいただいた。恐る恐るお伺いすると、殿下から「何かアナトリア考古学研究所を建設するそうだが」とのご下問があった。私はカマン・カレホユック発掘調査について、そして今後の調査を継続しておこなう上ではどうしてもアナトリア考古学研究所が必要であることなどをお伝えした。私が話し終えたところで、殿下は次のようにおっしゃった。

「研究所建設資金を集めるというのは簡単なことではないし、命がけでやらないととても集まるものではない。君は途中で止めるようなことはないだろうね」

「命がけでやります」

私は思わず言ってしまった。このプロジェクトの途中で止めたところで他に行く当てなどどこにもなかった。すでに三十年近くアナトリアの発掘調査をやってきた私にはアナトリアだけがフィールドである。研究所の建設をして一つの礎を築くことができれば十分だと思っていた。命がけなどというほどのことではなかったが、私には逃げ道などどこにもなかっただけである。

殿下は、「大変なことだけどやってみましょうか」と募金活動をお引き受けくださった。これがカマン・カレホユック発掘調査、アナトリア考古学研究所、そしてカマン・カレホユック考古学博物館建設の大きな節目となったことはいうまでもない。

アナトリア考古学研究所建設募金委員会

二〇〇〇年の十二月に寬仁親王殿下は、宮邸に募金委員会のメンバーになられる方々をお招きした。私も参加させていただいた。これから始まる募金委員会について、要の部分は親王殿下がご説明をなさった。参加した方々は、全面的に協力することを殿下にお伝えし、その日は散会となった。

それからの寬仁親王殿下の行動は電光石火の早業であった。建設募金委員会を立ち上げられ、その名誉会長として三笠宮崇仁親王殿下がご就任なさった。また、その委員会の会長には経済団体連合会名誉会長で東京電力相談役の平岩外四氏が就任してくださった。そして建設募金実行委員会の委員長には寬仁親王殿下ご自身がお就きになり、二〇〇一年の一月から本格的な募金活動が始まった。

この活動の中心的役割を担ったのは寛仁親王殿下であり、全国各地で講演会、茶会、ゴルフコンペなどを開催、多くの方々の賛同を得ながら募金活動を推し進めていった。

寛仁親王殿下が主催の講演会には、私もたびたびお伴をさせていただいた。最初の講演は北海道の旭川だった。二〇〇一年の四月のことである。このときは寛仁親王殿下とともに三笠宮崇仁親王殿下もお成りになり、「アナトリア文明」についてのご講演をなさった。

私は、これが募金活動の最初の講演会ということもあり、緊張したことはいうまでもない。そのときの講演のタイトルは、「なぜ、今トルコで考古学の発掘調査をおこなうのか」だった。聴衆はおよそ三百人。二十分の講演会の時間をできるだけ守ろうとしたものの、気がついてみると十五分以上もオーバーしていた。講演会が終わったところで、寛仁親王殿下から、講演会にお出でになっている方々は皆忙しい方々だけなのだから、時間だけは絶対守るようにと注意を受けた。それは当然のことであった。

しかし、それ以上に私が愕然としたのは、講演会で話した内容にだれ一人として興味を抱いている様子がなかったことである。考古学の話がつまらないのか、それとも私の話し方があまりにも下手なのか。落ち込むというのはこういうことなのだろうか。講演会の終わったあとは、どこかに隠れてしまいたいほどだった。帰り際に寛仁親王殿下が、「耳を傾けてもらうようにするには努力をしなければ」とおっしゃってくださったことが、何処にもすがるもののない私にとってはせめてもの救いだった。

募金活動は続く

寛仁親王殿下のご講演は、十五分であれば十五分でぴたりと終わる。そばで拝聴していると、講演会場は皆殿下の話に集中して耳を傾けている。何がそうさせるのだろうか。話術に長けていることは間違いないが、ご講演のなかに必ず一つか二つ聴衆を惹きつけるだけのポイントを入れておられる。一度、殿下に講演のときの心得をお訊きしたことがあった。

「講演中は聴衆の目をみながら話さないとだめで、その場その場で話し方を変えていかないことにはなかなか聴衆はついてこないもの」

確かにそうではあるが、それを真似てみようと思ってもなかなかできるものではない。募金活動の講演会の機会を何度かいただいたが、納得できる講演は一度としてできなかった。

寛仁親王殿下のご活動は、何も講演会だけでなかった。募金活動の一環としてゴルフコンペも全国各地でおこなってくださった。さらにはご講演をなさる前には、必ずといってよいほど事前説明会にご出席なさっていた。講演会は二〇〇六年八月まで継続しておこなわれた。その間に何度か手術も受けられていたし、殿下のご体調を考えると、正直なところただ申し訳なく思うばかりであった。

寛仁親王殿下は、いくら講演会でカマン・カレホユックのことを話したとしても、アナトリア高原の寒暖の激しさの話をしたところで実際に経験してみなければ、あまり理解できないのではないかとおっしゃり、「トルコ共和国遺跡巡りの旅」の企画を立ててくださった。この遺跡巡りには、全国から多くの方々が参加し、二〇〇二年と二〇〇三年にわたって三度おこなわれた。さらには、二〇〇五年、九月三十日のアナトリ考古学研究所の落成式典には、羽田からＪＡＬのチャーター便で三百人をこす方々が寛仁親王殿下、彬子女王殿下とご一緒にアンカラ空港に降り立ち、参加していただいた。

その日はアンカラ空港にお出迎えをしたが、チャーター便が着陸し、タラップから寛仁親王殿下、彬子女王殿下が降り立たれたときのご様子は、今もって鮮明に脳裏に焼き付いている。その日のアナトリア高原はからからに乾燥し切っていたことや、真っ青な空に包まれていたことも覚えているし、機の先端部に取り付けられた日章旗が風にはためいていたことも覚えている。なんともいえない印象的な一日となった。

遺跡巡りの旅

第一回目の遺跡巡りの旅は、二〇〇二年の十月一日から十一日までの十一日間、アナトリアの各地を回った。この遺跡巡りには、日本での講演会に参加した方々が中心となっていた。

第一回目のツアーがイスタンブルに到着したときは、私もイスタンブルのアタテュルク空港にお出迎えをした。空港では寛仁親王殿下がお成りになるということで厳重に警備されていたのはもちろんのこと、多くの報道陣がつめかけていた。空港からビップルームの入口で殿下をお待ちしていると、永田宮務官、小倉宮務官補と一緒に殿下がお疲れのご様子もなく軽快な足取りでお着きになった。

翌日からツアーが始まった。最初はアンカラにあるアタテュルク廟の参拝、そしてアンカラの下町にあるアナトリア文明博物館の見学と続いた。アナトリア文明博物館では、館内の中央にあるホールでミニ講演会をおこなった。日本での講演会とは違い、ここで万一アナトリア文明にまったく興味を持ってもらえなかったら目も当てられないと思った。

四十名が席についたところで、殿下がご挨拶をなさった。その後に私が三〇分の講演会をおこなった。今もって何を話したのかさっぱり記憶にない。ただ、殿下が、「皆が驚くほど集中して耳を傾けていたね」とおっしゃってくださったことは何より嬉しいことだった。そして翌日はカマン・カレホユック、そしてつぎにカッパドキア、ボアズキョイ、トロイア、ペルガモン、エフェソスと旅は続いた。旅の最終ゴールはイスタンブルでトプカプ宮殿、アヤソフィア、ブルーモスク、グランドバザール、そして地下宮殿を見学した。

地下宮殿は最後の見学地となったが、そこでは旅を案内してくれたマギスターツアー会社のコンダクターの方々も挨拶をした。私もお礼を述べさせていただいたが、殿下に対する感謝の気持ちをお伝えしようとしたが、なかなかうまく言葉にすることができず声を詰まらせてしまった。

殿下がカマンからお帰りになる夢をみたことを口にした途端、あとは言葉にならなかった。これまでのことが脳裏を去来するなどというものではなかった。正直なところ私は地下宮殿にいること自体、夢を見ているのではないかと思った。アナトリア考古学研究所の必要性を殿下にお伝えしたのも私であった。ただ、ここまでたどりつけるとはまったく思ってもいなかった。

第一回目の旅が終わったところで、私はカマンのキャンプに戻った。そして寛仁親王殿下が日本で募金活動をしてくださっているあいだに、私は研究所を建設する場所の整備に入った。

移動の総指揮官はムスタファ・アービ

二〇〇四年、七月、カマン・カレホユックから南に約一・五キロの地点でいよいよアナトリア考古学研究所の建設が始まった。

その建設に合わせて、二年前からキャンプを、村に近い方へと徐々に移動を開始した。二〇〇二、二〇〇三年は四つの収蔵庫の移動をおこなった。十七年分の出土遺物がびっしりと入っている収蔵庫を移動するのは大仕事だった。それも発掘調査と並行して混乱なく進めなければならず、この作業には意外に時間がかかった。

このキャンプ地の移動の総指揮官は、ムスタファ・アービである。彼なしでは、おそらくこの作業はできなかったのではないかと思う。彼のもっとも素晴らしい点は、どんな困難なことがあっても、口癖の

「ジャヌン・サー・オルスン」（英語ならばノープロブレムといったところか。かなり幅を持ち合わせた言葉の感じがする）という姿勢である。その言葉を耳にするだけで、これまでどれだけ力づけられてきたことか。

二〇〇三年度までに収蔵庫、撮影室、保存・修復室、セミナー室などはほぼ移動させていたが、隊員の寝泊りしている母屋の移動だけはそのままになっていた。二〇〇四年、四月初旬から母屋の移動を開始したものの雨に祟られ、なかなか思うようには捗らなかった。中のものをすべて移動させてからプレハブの解体をおこなったが、住み慣れた場所を去るのはなんともいえない寂寥感があった。

プレハブを解体、建設するチームがアンカラからやってきたのは四月下旬だった。プレハブはわずか一週間で解体され、新しい場所にすべて運び込まれた。プレハブは積み木のようにつぎつぎと組み立てられ、二週間ほどであっという間に元の形になった。しかし、それからが予想以上に時間がかかった。一番苦労したのは、やはり水回りである。実際に生活できるようになったのは、発掘調査が始まる一週間前の六月初旬だった。

発掘調査と並行して、私はアナトリア考古学研究所の起工式の件で、六月下旬に何度かアンカラへ足を運んだ。式典は二〇〇三年、七月十四日、十一時と決まったものの、その日までに式典の準備など、やらなければならないことがいくつも残っていた。

不安とともに研究所の起工式

七月十三日、会場にテントを張った。マイクロフォンのテストも何度もおこなった。準備万端であったが、実際に殿下をお迎えしての起工式となると、調査隊全体にはかなりの緊張感がただよっていた。エルカン・ムンジュ文化・観光大臣もヘリコプターでお出でになることになっていた。起工式は、「トルコ式」でおこなうことになっていたが、犠牲として羊をささげる儀式だけは割愛することになった。

七月十四日はよく晴れ渡っていた。アナトリア高原はこれ以上の素晴らしい快晴はないというぐらいの晴れ方だった。それほど暑くもなかった。トルコの軍警察のジャンダルマが警備をしてくれていたものの、あまりにも多くの参加者には、われわれのほうが驚いてしまった。

十時三十分、アンカラから殿下ご一行が車でカマン・カレホユックのキャンプにご到着になった。ご到着の際には、キャンプの入口はかなりの混乱に陥った。殿下にはプレハブでお休みいただき、われわれは起工式の準備に入った。

殿下がプレハブから起工式の会場に向かうところで、ムンジュ文化・観光大臣もヘリコプターで村の小学校の校庭に到着した。会場に設営したテントに殿下と大臣がお入りになり、村の小学生たちによる民族舞踊が始まった。掛け声がかわいらしく、ぽんぽんと手で拍子をとりながら大地を足踏みする軽快な音は、からからに乾燥しきった高原のなかに吸い込まれていった。子どもたちがトルコの旗を振りながら退場、いよいよ起工式が始まった。

司会は私の妻の大村正子、トルコ語の通訳は長女の幸子が務めた。最初に寛仁親王殿下からお言葉をいただいた。私は殿下のお言葉を拝聴しながら、なんともいえない感慨深いものを感じた。一九七二年、九月にトルコ政府の給費留学生としてアンカラ大学に留学した頃のことを考えると、まさかここまで辿り着けるとは、まったく思ってもいなかった。思ってもいなかったどころではない。トルコに到着してからわずか二週間で、私の考えているような発掘調査はできないと思い、日本に戻ろうとしたことを覚えている。よく考えるとおかしな話である。二週間ぐらいでトルコの何がわかるというのだろうか。

留学中にいくつもの発掘調査に参加できたことは幸いだった。また、アンカラ、イスタンブルにある欧米の考古学研究所を利用しているうちに、自分なりの研究所の構想が徐々にできあがってきたことも事実である。ただ、具体的にどのようにすれば研究所ができるのかは、まったく見当もつかなかった。

来賓の挨拶が始まった。最初にムンジュ文化・観光大臣から祝辞をいただいた。そして、トルコ式の起工式が始まった。日本でいうところの鍬入れにあたる。建築の基礎部分にセメントを流し込むのであるが、この儀式は殿下と大臣のお二方が、電動式のボタンを押すことによっておこなわれた。セメントが流し込まれた瞬間、周りからは大きな拍手が起こった。そのあと、私は謝辞を述べさせていただいた。

ここまで歩んでこられたのは、すべて三笠宮殿下、寛仁親王殿下のおかげであると思っている。そして発掘調査を全面的に支援して下さった出光美術館館長がおいでであったからこそできたものと思っている。発掘調査に関わっている者が、両殿下の後からついてきたにすぎない。今後のことを考えると正直なところ、嬉しさよりも不安のほうが大きかった。

そのあと食事会に移ったが、ここではオズギュッチ先生とクルシェヒル県のセラハッティン知事から挨拶をいただいた。十四時に寛仁殿下がキャンプを離れ、起工式は終了した。

アナトリア考古学研究所建設工事

建設工事はスムーズに進んだとは決していえない。二〇〇三年、三月二十日、国連安全保障理事会の承認を得ないまま、米・英二国の単独行動として始まったイラク戦争により、資材の値段が急騰したことには苦しめられた。それと建設会社の現場監督がつぎつぎと代ったことにも参ってしまった。建設会社社長のムサ・タンルクル氏は穏やかな人で、これまでいくつもの大きな建設に関わっていた。その点からいえばまったく問題はなかったが、下請けの会社にはとにかくお手上げの状態に何度も陥った。資材の納入がないといっては、その度に手抜き工事まがいのことがおこなわれたときは、最終的に研究所はできないのではないかと思った。それと日本側から大手の建設会社が、作業を進めるうえで一人のアドバイザーを送ってくれていたが、現地の下請け業者とはあまり馬が合わず手こずってしまった。

建設現場にはカマン・カレホユックの発掘調査で働いている若手の元気な労働者を渡した。労働者の多くは何かトラブルがあると私のところにやってきた。それも現場が終わって深夜になってからである。私の所にきてもどうしようもないといっても、次々と労働者が訪ねてくるのにはほとほと困りはてた。ほとんどが給料の問題であり、社会保険の問題だった。どれも地元の建設会社の責任であり、私が関わることではないことはわかっていても、なかなかそうもいかない。彼らが直接建設会社と交渉できるものではなかった。

このときだけは、私は発掘調査、研究をやっている人間なのか、それとも工事現場を取り仕切っている人間なのかと相当葛藤したものである。ただ、相談にやってくる労働者のことを思うと、どうしても建設会社と掛け合わなければならないことがたくさんあった。つい先日までカマン・カレホユックの発掘現場で働いていた労働者なのだからまったく知らん振りもできない。実際に建設工事が順調に進みだしたのは、起工式が終わり、二カ月ほどが経ってからである。

基礎工事現場には掘削機械が入り、地面の掘り込みが始まった。大型機械が建設現場で作動し始めたことにより、一日中緊張する日々が続いた。われわれのキャンプにも地面を掘削する際の地響きが伝わってきた。かき出された土は、建設現場の外に運び出された。その量たるや、私の予想をはるかに超えるものだった。

研究所の壁が立ち上がってきたときは嬉しいものだった。毎日、キャンプから建設現場に目をやっていたが、少しずつ建物の姿が高原のなかに現われたのは、十一月の初旬のことである。来年の九月までにある程度の形になってくるのだろうか。真冬は工事のスピードは間違いなく落ちる。建設担当のムサ氏は、寒くなったら屋内作業に入るといっている。何一つ手を出せないのはわかっていたが、研究所は本当にできあがるのだろうかと、何度もムサ氏にたずねたものである。

イラク戦争の影響

このイラク戦争はアナトリア考古学研究所の建設にはかなりの影響を与えた。戦争自体は二〇〇三年の五月には一応終結していたものの、二〇〇四年に入ってもイラクの治安は一向に安定しそうもなかった。と同時に、戦争の終結ということで建築資材の需要がイラク国内で急激に増してくるとトルコ国内ではもっぱらの噂となった。これにはすっかり手をあげてしまった。鉄材などの建築資材は、一日、一日と高騰した。それは何も鉄材だけではない。セメントもそうである。ましてや資材を運んでいる大型トラックの運賃が腰を抜かすほど高騰した。もうアナトリア考古学研究所建設工事も頓挫するのではないかと真剣に考えた。

このイラク戦争の余波を受けて、研究所の建設工事のなかで、中止せざるを得ない箇所がでてきてしまった。本来であれば、二〇〇五年の秋口までに、研究棟、会議棟、住居棟、収蔵庫棟の四棟が完成することになっていたし、寛仁親王殿下もそのおつもりだったに違いない。建設現場の方からは毎日のように、物価高騰の話しか入ってこない。ただ、一番困ったのは、最終の建築プランから一つ一つできるはずのものが外されていったことである。最初は、収蔵庫棟だった。いつから収蔵庫棟には遺物を入れますかと、建設工事のアドバイザーから私に質問がきた。変な質問をするなと思っていたところ、次週になって収蔵庫の内装はできそうもないという。正直なところ驚いてしまった。どうしてですか、何があったのですか、とはやる気持ちを抑えながら建設業者にたずねた。答えはじつに簡単であった。物価高騰のためです、という。予想はしていたもののここまで酷いとは思ってもいなかった。

しかし、この収蔵庫棟の内装工事中止は序の口だった。毎日のように、工事の縮小計画が私に持ち込まれてきた。収蔵庫棟の内装のつぎにきたのが会議棟だった。これも内装までは手を出せません、という。いかにイラク戦争が原因しているとはいえ、いささかうんざりした。そのうえ居住棟は外装も内装もできません、コンクリートの打ちっぱなしで終わりたい、といわれたときは開いた口が塞がらなかった。思わず、叫んでしまった。

「一体、何を考えているんですか。契約はどうなっているんですか」

「契約書通り進まないのが中近東です。それは大村さんもよくご存知のことでしょう」

「そんなことはどうでもいい。一体どこまでつくれるんですか」

「一番うまくいって研究棟と一部外装をやるぐらいですか。それが精一杯です」

「それで日本にはなんと説明すればいいんですか」

「イラク戦争の煽りと説明するしかありません」

じつにしらじらしい発言だった。何を言っても無駄であった。一番許せない気持ちになったのは、「日本にはすでにお伝えしてあります」といわれた瞬間だった。つまり、「あなたは蚊帳の外の人ですから話しても無駄ですけどね」と口には出さなかったが目にははっきりと読みとることができた。

こんなことを何度、建設業者とやりあったことか。最終的には、居住棟を除く他の三棟は、外装のみ、そして研究棟だけは内装までという最終案が示された。居住棟は、既述したように基礎工事のままにむき出しの状態で一時工事をストップすることにした。今考えると、イラク戦争には建設工事に予想以上の影響を受けた。それと同時に海外で考古学の発掘調査を仕事としている私を丸め込むことなどは、海千山千の建設業者にとっては赤子の手をひねるように易いものだったに違いない。

この残りの作業については、再度、寛仁親王殿下に大変なご迷惑をおかけすることになった。第一回目の募金活動に続いて、会議棟、住居棟などの建設募金活動を再度お願いする形となった。この第二回目の募金活動がなかったなら、研究所の今の姿はなかったはずである。

研究所の姿が見えてくる

二〇〇五年の春には、研究所の全体の姿が見えはじめた。裏にある山の頂上部から見る研究所の姿は素晴らしく、いつまで眺めていても飽きるものではなかった。壁のベージュの色が高原のなかで鮮やかに映えていたし、屋根に使った瓦が高原にぴったりマッチしていた。

七月下旬、そろそろ九月におこなう落成式の準備も考えなければならない時期にきていた。すべてができあがったところで落成式をおこなうことができれば何よりだったが、そのときの状況を考えるとこれが最良の策だったのかもしれない。

九月にはいると、落成式の準備でキャンプの中は急に忙しくなってきた。一番の問題は、トルコ側からT・エルドアン首相（現在は大統領）が列席するか否かであった。もし出席するとなると警備などで大騒ぎになることは間違いない。文化・観光大臣は出席されるとのこと、そのほかに三、四人の大臣も出席するとの情報も入っていた。それだけでも大変である。この式典の主催は、寛仁親王殿下であり、日本から三百名を超す列席者もお出でになることになっていた。

アンカラの日本大使館にも何度も訪ね、式典の進行次第について打ち合わせをさせていただいた。式典のなかでは、トルコの大統領府のオーケストラと日本からは作曲家の神津善行さんをはじめとして、トランペッターの日野皓正さんらが式典で演奏することになっていた。

アナトリア考古学研究所落成式

二〇〇五年、九月三十日、待ちに待った中近東文化センター附属アナトリア考古学研究所の落成式を迎えた。総工費は約八億円で、寛仁親王殿下が先頭に立って呼びかけてくださり、日本全国から寄せられた浄財であった。総床面積は七八〇〇平方メートルとかなり広いものとなった。

この落成式は、ここが正しくトルコであるということをまざまざと見せつけられる一日となった。その日は早朝から雲一つない素晴らしい快晴だった。この時期は快晴が続くものの、これほど気持ちよく澄み切ったアナトリア高原の秋晴れはめったにない。風もなかった。

午後一時に寛仁親王殿下、彬子女王殿下がキャンプにお着きになられた。お二人には発掘調査のキャンプでお休みいただくことにした。

両殿下がお成りになり、トルコ側はキャンプを取り囲むような形で軍警察のジャンダルマが警備に入った。キャンプのサロンで、寛仁親王殿下に落成式の式次第をご説明申しあげ、両殿下は休憩をはさんで式典会場へと向かわれた。

会場は、研究所の中庭で五百名の列席者の椅子がすでに用意されていた。それと舞台も研究棟と会議棟のほぼ中間のところに設置されており、殿下は一つ一つ確認されながら、「すごい舞台を作ったもんだね」と驚かれたご様子だった。

寛仁親王殿下、彬子女王殿下がキャンプにご到着

落成式は午後三時に開始ということで、殿下はカマンの町までお出掛けになり「三笠宮通り」の開通式にお出ましになった。私もお伴をしたが、カマンの町の真ん中には町民すべてが集まったのではないかと思われるぐらいの混雑ぶりだった。カマンの中央通りに三笠宮崇仁殿下のお名前を冠するということで町をあげての式典が執りおこなわれた。

この三笠宮通りの命名式典が終わったところで、寛仁親王殿下はキャンプにお戻りになり、研究所の落成式典にご出席になった。二時半には、カッパドキアに宿泊していた日本からの参加者がバス七台に分乗して駆けつけてくださった。

三時からの式典は、大統領府のオーケストラの音合わせや、司会者のマイクの調整など、私はもうだれが何をしているのかさっぱりわからないぐらいの混乱ぶりだった。三時少し前に、寛仁親王殿下、彬子女王殿下をはじめ日本からお出でいただいた方々は、会場にお集まりいただき式典が始まるのを待つのみになった。トルコ側の招待客二百名も席につき、あとはトルコ側のエルドワン首相一行の到着を待つばかりになった。

時計は三時を指していた。遙か彼方からヘリコプターが飛来して式典会場の側にある小学校の校庭に着陸した。首相が到着した旨のアナンスがあった。到着されたのはいいが、そこからが大変だった。待てど暮らせど首相一行はやってこない。十五分が過ぎた。それでも現われない。どうしたというのだろうか。三十分たっても一向にその気配はない。寛仁親王殿下は、神津先生と打ち合わせをしながら、式次第についてどのように変更するかをお話しになられている。

平気で待たせるとは、これもトルコ的といえばトルコ的である。寛仁親王殿下、彬子女王殿下を待たせることとなんと一時間、小学校の校庭から式典会場までわずか三〇〇メートルのところを、だれが考えたのかオートバイに乗って首相は意気揚々とあらわれた。

式典はなごやかに進む

それでも寛仁親王殿下は、にこやかにエルドアン首相を迎えてくださった。四時をすでに回っていた。九月末のアナトリア高原は、日中は暑いが一度陽が沈むと一気に気温が下がる。司会は起工式と同じく、大村正子、通訳は娘の幸子がおこなった。

鍵の贈呈式

アナトリア考古学研究所落成式が始まった。最初に寛仁親王殿下が三笠宮崇仁親王殿下のお言葉を代読なさった。一九九三年の殿下の年頭ご挨拶の中ではじめてアナトリア考古学研究所のことに触れていただいた。それから十七年の歳月を経てなんとか式典まで漕ぎつけることができた。

エルドアン首相の挨拶は、私が通訳をおこなったが、首相が原稿通り読んでくださらなかったこともあり、かなり手こずってしまった。そして、私がお礼を述べさせていただいたものの、何度も声を詰まらせてしまい挨拶にならなかったことだけは覚えている。私にとっては忘れられない挨拶となった。そして、テープカットが彬子女王殿下とエルドアン首相の二人によっておこなわれ、建設を担当したムサ氏が研究所の鍵をエルドアン首相に渡し、首相から寛仁親王殿下と彬子女王殿下に手渡され式典は終了した。そして、神津善行先生が中心になっておこなう演奏会が始まった。

夕陽が沈みかけてきた。藤舎名生《とうしゃめいしょう》さんが奏でる横笛の音色は、アナトリア高原のゆるやかな起伏のなかに浸みるように滔々と流れていった。大統領府のオーケストラの演奏、そしてソプラノ歌手が表情豊かに歌う。トランペッターの日野皓正さんの、迫力のある演奏に、列席者の中には立ち上がって拍手をする者もいた。高原はすっかり夜の帳が降りはじめていた。演奏会が終了した時は、すでに七時を廻っていた。

とにもかくにもアナトリア考古学研究所の落成式は無事に終了した。無事に終えることができただけで本当に嬉しかった。寛仁親王殿下、彬子女王殿下はご宿泊地のカッパドキアへお発ちになった。日本からの参加者もバスでつぎつぎと会場を離れた。そして会場には舞台を設営したグループだけが残った。祭りのあとの静けさとはこんなものだろうか。あれだけ賑やかだった会場には、舞台を取り外す音だけが響き渡っていた。

その晩、私はカッパドキアのホテルへと向かった。寛仁親王殿下、彬子女王殿下、そして参加して下さった方々へお礼を述べるためだった。お泊まりになっているホテルに到着したときは、夕食もたけなわのときでもあり、ちょうど良いタイミングだった。翌日から、七台のバスを連ねてカッパドキアの地下都市、ヒッタイト帝国の都ボアズキョイをご案内した。

落成式、そしてツアーのあと、十月五日に両殿下はトルコをお発ちになり、日本へお戻りになった。このシーズンの冬の到来は早かった。十月二十日には雪が降り始めた。

出席がかなわなかった二人

この落成式にどうしても出席してほしい二人のトルコ人がいた。それはオズギュッチ先生とムスタファ・アービだった。しかし、それはついにかなわなかった。

病気療養中の先生は落成式の直前まで、なにがなんでも出席するとおっしゃってくださっていた。

「オオムラ、式典に欧米の研究者を集めてくれないか。そこで彼らに言ってやりたいことがある。われわれは（先生がわれわれというときは、トルコ人と日本人両方を指す）、この研究所を設立した。あなた方はこれまでトルコでいったい何をしたというのか」

先生の気持ちは痛いほどわかるような気がする。十九、そして二十世紀、欧米はトルコから遺物を本国に持ち帰っただけではないか、とおっしゃりたかったのであろう。どの国も伝統ある研究所をアンカラ、イスタンブルにもっている。しかし、それらの研究所は、どちらかといえばそれぞれの国の研究者のためにつくられたものである。そのことを考えるとナトリア考古学研究所の建設は、先生にとって文字どおり心から望んでいたものだった。

一度、先生にこんなことをたずねたことがあった。

「先生にとって、アナトリア考古学の夢とは何ですか」

「誰でも使える研究所を建てることだ」

先生が即座に答えたことを覚えている。先生はまさか、日本人が真剣にそれを実行に移すとは考えてもいなかったかもしれない。

トルコの新聞・テレビは式典をこぞって紹介してくれた。アッティラ・コチ文化・観光大臣が記者会見で次のように述べて下さった。

「これからトルコで発掘調査をおこなうときにはアナトリア考古学研究所を手本にしてほしい」

期待の大きさを感じた。

恩人の二人が相次いで死去

式典後、アンカラの病院に入院されているオズギュッチ先生を訪ね、式典の一部始終を報告した。寛仁親王殿下がお成りになり、三笠宮崇仁親王殿下のご挨拶を代読なさったこと、彬子女王殿下もお成りになったこと、千宗室婦人容子様が裏千家の方々とご一緒にお出でくださったこと、神津善行先生が演奏会全体の指揮を執り、日野皓正さんがトランペットで演奏してくださったこと、そしてエルドアン首相がヘリコプターで駆けつけてくれたことなどを、耳が少し遠くなった先生に大声で話した。

「研究所ができるとは夢みたいだ。よくここまでもってきたものだ」

先生は涙を流しながら、何度もおっしゃって下さった。そして、「よかった、よかった」と頷きながら嬉しそうな顔をした。

退室すると看護婦さんが、「オオムラというのはあなただったんですか」と声をかけてきた。「先生は何度もオオムラはきているのか」とうわ言のように私にたずねるんですよ、という。先生がご自宅におられるときには朝晩、電話で話をしていた。十月二十七日、夜九時、先生の孫のムラットから訃報の電話がかかってきた。覚悟はしていた。

それからわずか二週間後、十一月十日、中央アナトリアで遺跡踏査をおこなっている最中に妻の正子から携帯に電話があった。「ムスタファ・アービが亡くなった」という。肝硬変だった。この五年くらい急速に痩せてきていたので、心配で何度も尋ねたが、その都度、「大丈夫だ」という。大して気にも止めていなかった。昨シーズン、弟のメフメットが、「調査が終わったら必ず病院に連れて行くから、心配はいらない」といっていた。今シーズンも、一番大変な六月にキャンプにきてくれたが、あまり調子が良さそうではなかったので、アンカラに戻して入院させた。

亡くなる五カ月前、キャンプでムスタファ・アービは私のところにやってきた。歩くのがやっとの状態だった。

「オオムラさん、長いあいだいろいろとお世話になりました。もう体力の限界です。アンカラに戻ってもいいだろうか」

「アンカラに帰って早く病院に行ってくれ。そして元気になったところでまた戻ってきてくれないか」

それを言うだけで私は次の言葉をかけることができなかった。私は心底ムスタファ・アービを信頼していた。彼のいないキャンプなどを一度として想像したこともなかった。

「元気になったら必ずもどってくる。研究所建設を少しでも手助けしたいからね」

しかし、それが最期だった。アナトリア考古学研究所の完成を最も楽しみにしていたのはムスタファ・アービだった。建設の途中でキャンプを離れるのが淋しかったのではないか。一度でいいから完成した研究所を一緒に回りたかった。おそらく彼は私にいってくれただろう。「すごいのができたね」、と。

二人が居なくなったアナトリア高原は、私には無闇やたらと広く感じた。木々の葉がすべて落ちたためでもない。真夏には真っ青だった空が弱々しくなったためでもない。第二十次発掘調査が終わったためでもない。先生がお亡くなりになり、ムスタファ・アービを失った私は、この広大なアナトリア高原のどこにも居場所がないような気がした。

ムスタファ・アービとメフメットは神様が与えて下さった

私はオズギュッチ先生にこう言ったことがある。

「ムスタファ・アービも弟のメフメットも神様がわれわれに与えてくださったものだと思っていま

す」

ムスタファ・アービからどれほど色々なことを教わっただろうか。彼は発掘調査を、そして研究所を命がけで必死に支えてくれた。労働者をよくまとめてくれた。どれだけ彼に守られていたことだろうか。病床のムスタファ・アービには、メフメットが寛仁親王殿下からの感謝状を届けてくれた。それを見ながら、本当に喜んだという。ムスタファ・アービは二度とカマンのキャンプにやってくることはなかった。トルコの人々は「これも神（アッラー）の御心」という。そうなのかな、といまだに思うときがある。

彼は、チャウルカン村とカマンの町での評判もよく、大きな足跡を残した。アンカラでの葬儀には、二百人を超す仲間が参列した。だれもが彼の死を悲しんだ。温厚な性格で、彼のいらいらした顔、怒った顔を一度として見たことはなかった。村でだれかが病気で倒れたと聞くと車でカマンまで連れていってくれたとか、薬を黙って買ってきてくれたとか、貧しくて薪が買えない村人にそっと薪を運んだとか、彼にまつわるそんな話が山ほどあった。私が知らない話も多かった。

二人がいなくなったアナトリア高原は、例年より早く冬に入った。コックのムスタファがキャンプの食堂に薪ストーブを準備してくれた。秋口に切っておいた薪を焚きながら、暖をとった。今シーズンも発掘現場でまったく事故もなく、終えることができた。これが何よりの成果だった。

しかし、先生とムスタファ・アービに落成式に参加してもらえなかったことが悔やまれてならなかった。

「タフスィン・オズギュッチ記念講堂」オープン式典

タフスィン・オズギュッチ記念講堂

この時点で、研究棟は完成していたものの、会議棟、図書室、収蔵庫棟の内装、居住棟の外装・内装はいまだ完成していなかった。それでも作業を進めながら、二〇〇七年末には居住棟を除いてなんとか工事も終えることができた。会議棟の机や椅子などの設備も整い、お披露目をすることになった。その会議棟の名称については寛仁親王殿下にも相談に乗っていただき、オズギュッチ先生の功績を称え、「タフスィン・オズギュッチ記念講堂」に決定した。

二〇〇八年、五月三十一日にオープン式典をおこなった。国際シンポジウムに参加していたトルコ、欧米の研究者も、アンカラからバス二台でかけつけてくれた。約一六〇人収容の会議棟は、二五〇人を超す研究者、トルコ政府、クシルェヒル県関係者で大賑わいになった。

この式典には、彬子女王殿下が留学先のイギリスのオックスフォードからお成りいただき、トルコ側からはトルコ共和国のキョクサル・トプタン大国民議会議長にご出席いただいた。午後二時にトルコ、そして日本の国歌が会場に流れた。最初に私が研究所を代表して、会議棟の名称について述べた。そして、オズギュッチ教授からお礼の言葉をいただいた。彬子女王殿下は、寛仁親王殿下のお言葉を代読になり、続いてクシェヒル知事、最後にキョクサル議長がお祝いの言葉を述べられ、午後四時、予定どおりに式典は終了した。

オズギュッチ先生の蔵書

二〇一〇年、七月十日、オズギュッチ先生の夫人であるニメット先生から電話をいただいた。お元気そうな声だ。先生が亡くなられて、だいぶ落ち込まれていたときもあったが、いまでは早朝から論文を執筆される日々を送っておられていた。そのエネルギーには驚かされてしまう。「本をいつ研究所に運ぶ予定なの」とおっしゃる。「本」とは、オズギュッチ先生とニメット先生の「蔵書」のことだ。これをすぐに研究所に運びなさい、というのである。

ニメット先生のここ数年の執筆に対する姿勢には、どこか凄みがある。以前に発掘した東アナトリアのサムサット遺跡に関する報告書にしても、一九六一年にご自身が発掘調査を開始したアジュムホユックの封泥に関する研究にしても、その執筆は九十歳を超えてから始まった。先生の側にいると、研究者の姿を黙して語らずのような気がしてならない。

　蔵書をすべて運びなさいといわれるものの、現在執筆中の論文に必要なものもあるのではないかと思った。しかし、電話口の口調には、どこか吹っ切れた、有無をいわせない雰囲気があった。一番心配したのは、蔵書を研究所に寄贈したと同時に、先生は気が抜けてしまうのではないかと思ったからだ。

　数日後、先生宅を訪ねた。いつものように、にこにこと出迎えてくださった。早速、私の方から蔵書の話を切り出した。先生は、「もう、この本棚から一日でも早く本を持ち出してほしい」と淡々とした顔つきでおっしゃる。ただ、本棚をじっとみつめながら、「これらの本はオズギュッチと、七十年以上にわたって集めたもので、手放すとなると、やはり感慨深いものがある」と言葉を詰まらせられたのが印象的だった。

　数百冊の本ならわれわれの手で運び出すことはできるが、数千冊となると、いかんせんどうにもならない。そこで、カマン・カレホユックの発掘調査にも関わっている引っ越し業者に依頼することにした。蔵書を運び出すときには、本来なら私も立ち会うべきではあったが、発掘調査中でそれはかなわなかった。そこで、ニメット先生がもっとも信頼している研究所のムスタファ・アービの弟のメフメットに立ち会ってもらうことにした。オズギュッチ先生も何かにつけてメフメットに電話をかけていたようだ。

　その日は朝早くから業者と一緒にメフメットも先生宅に伺ったそうだ。本は予想以上にあった。段ボールは優に三百個を超えた。段ボール箱に本が入れられる作業には、先生は立ち会われなかったという。おそらく見るに忍びなかったのだろう。午前中から午後にかけて、すべての本の梱包を完了した旨の電話がメフメットから入った。ニメット先生は、最初は寂しそうにしておられたようだが、「アナトリア考古学研究所に蔵書が収まるのだから安心だ」と何度もおっしゃったという。

蔵書から先生の声が聞こえてきた

翌日、蔵書が研究所に到着した。本は段ボール箱に順序よく入っていた。寄贈されたものの中には、先生がもっとも愛用していた机とソファーも含まれていた。一九八三年、先生ご夫妻が東京・三鷹の中近東文化センターを訪ねられた際に、三笠宮崇仁親王殿下と一緒に撮影した写真もあった。

段ボール箱はつぎつぎと研究所の約五万冊収蔵できる図書室へと運び込まれた。以前から先生の蔵書のために確保していた場所に置いた。そして翌日から先生の蔵書を本棚に並べていった。時折、先生がよくお使いになっていた本を開いてみた。なかに先生のメモがはさまれているものもあった。そのほとんどがわら半紙だった。メモは小さな字で丁寧に書かれていた。先生の声が聞こえてくるような錯覚にとらわれた。何かにつけて先生に相談していた。私にいつもおっしゃっていた言葉を思い出した。

「カマン・カレホユック発掘調査を誠実に継続していくのがいい。とにかく焦ることはない。多くの研究者がいろいろなことを君にいうだろうが、そんなことは無視すればいい。ただ一つ君にいっておくが、報告書と論文を書くことだけは忘れないように」

先生が使われていた本を手にとっているうちに、無性に先生に会いたくなった。何をするにしても私は先生に相談していたし、何かあるたびに電話をかけていた。いま考えると、先生は私にとって父親のような存在でもあった。

「旗を君に渡す」

ニメット先生は、蔵書を研究所に寄贈することを決めたときに、つぎのようにいってくださった。オズギュッチ先生は生存中から決めていたことが二つあったそうだ。一つは蔵書をアナトリア考古学研究所に寄贈すること。もう一つは、「旗をオオムラに渡す」ことだったという。旗の意味を理解できず、ニメット先生に尋ねたことがあった。先生は即座におっしゃった。

「オズギュッチ先生の遺志を受け継いでくれるということです」

私がどんなに努力したからといって先生の遺志を継げるとは思ってもいない。先生がなさった研究の足下にもおよばない。先生の遺志をどれだけ受け継いでいるかも定かではない。正直なところ、私自身は先生の学生の一人ではあったが、決して継承できるほどの研究をしてきたわけでもない。

ただ、これからわれわれとしておこなわなければならない仕事は、三笠宮崇仁親王殿下、寛仁親王殿下に築いて下さったアナトリア考古学研究所を次世代に繋いでいくことだと思っている。オズギュッチ先生も生前、「考古学を継続していくうえでは研究所がなんとしても必要だ」とおっしゃったことがあった。そして、「いつでも理想を追うように」ともおっしゃっていた。

これからどのように展開できるかはわからないが、若手の研究者を養成できる、そして地域の子どもたちに夢を与える研究機関として歩んでいくことができたら、と思っている。先生から渡された旗は、正直いって重荷であるが、一歩でも前にそれを運び、次世代に手渡すことができたらと思っている。

第四章　カマン・カレホユック考古学博物館開館

ヤッスホユック遺跡とビュクリュカレ遺跡

アナトリア考古学研究所は、一九八五年にカマン・カレホユック遺跡で調査を開始、二〇〇九年にはカマン・カレホユックの東約一十五キロにあるヤッスホユック遺跡（調査隊長、大村正子アナトリア考古学研究所研究員）、そして北西約四十五キロに位置するビュクリュカレ遺跡（調査隊長、松村公仁アナトリア考古学研究所研究員）で発掘調査を開始した。一つの研究機関で三つの発掘調査をおこなうのは容易なことではない。なぜカマン・カレホユック遺跡の他に二つの遺跡で発掘調査を開始したのか。

カマン・カレホユック遺跡では「文化編年の構築」を主目的として調査を進めてきた。この調査目的を進めるうえでは発掘区を広げることはなく、ある一定の発掘区で推し進めるのがベストである。一九八六年にこの構築作業を始めたが、これまでいくつもの大きな問題が浮上してきている。ただ、カマン・カレ

ヤッスホユック遺跡

ビュクリュカレ遺跡

ホユックで見つかった問題点を、この遺跡の中だけで解決しようとするのにはかなりの無理がある。というのは「文化編年の構築」はカマン・カレホユックの北区、それも一〇メートル×一二〇メートルの発掘区で進めている。その中で出てくる問題点を解明しようとして発掘区を拡大することはない。「文化編年の構築」には、遺物の出土量などの計算も含まれているため、発掘区を一つの問題点の解明のために広げることはまずない。そのためカマン・カレホユックで見つかった問題点は、他の遺跡で解明の糸口を探し出すことに努めることにした。

　ヤッスホユックでは、現在、前三千年紀の第四四半期に年代付けられる大火災を受けた宮殿址を発掘中である。これはカマン・カレホユックの第Ⅳ層で検出されている大火災層とほぼ同時代であ

ヤッスホユック遺跡の宮殿址

る。一説ではこの火災層と印欧語族のアナトリアへの侵攻と結びつける研究者もいる。この時期の火災層は、何もカマン・カレホユックだけで検出されているわけではない。他の遺跡でも認められるものだ。失火などによる火災層ではない。となれば、はたしてこの火災は誰の手によるものかである。この問題はヤッスホユックの宮殿址を発掘することにより解決できるのではないかと考えている。

また、アナトリア考古学では「鉄と軽戦車」を保持し古代中近東世界でエジプトと覇権を争っていたヒッタイト帝国が、前一一九〇年頃、忽然と歴史の舞台からその姿を消したといわれる。その背景には、エーゲ海などの小島から西アナトリアへと侵攻してきた「海の民」の存在があるといわれている。その「海の民」なる民族によって攻撃を受け、ヒッタイト帝国は崩壊したというのがこれまでの説である。そして、その際に生じた火災層がヒッタイト帝国の都のボアズキョイなどで確認されているのだという。はたしてこれを定説として捉えてもいいのだろうか。カマン・カレホユックの北区の狭い発掘区だけでは解決できそうにもない。

一九八六年から中央アナトリアで遺跡踏査をおこなっている。そのなかでヒッタイト帝国の文化層が間違いなくあると判断したのがビュクリュカレ遺跡であった。この遺跡の発掘調査も二〇〇九年に開始した。案の定、ビュクリュカレの発掘調査を開始したと同時に、ヒッタイトの大火災層に出会った。この二つの遺跡の発掘調査を通して、これらの問題を解決できればと考えている。

出土遺物と展示

出土した遺物は、発掘地に一番近い博物館に納めるのが決まりとなっている。以前は素晴らしい遺物がどこかで出土すると、イスタンブルの考古学博物館かアンカラのアナトリア文明博物館に納められていた。ところが地方博物館が次々と開館してきたと同時に、遺物を中央の博物館に集中させることはなくなり、最近では地方博物館の充実が目立ってきている。

アナトリア考古学研究所を設立するにあたって、四つの建物を建設することを考えた。四つの建物とは、一つは研究棟である。つぎに会議棟、そして研究者の居住棟であり、出土遺物を展示する展示棟である。いずれも研究所になくてはならない建物だったが、私はこの中でもっとも欲したのは展示棟、つまり博物館だった。

アナトリア考古学研究所を建設するにあたり、この展示棟に関しては日本の外務省の一般文化無償資金協力でお願いすることにした。というのは、遺跡から出土した遺物を外国の研究機関が管理することは難しく、トルコではこれまで一度として前例がなかったこともあり、展示棟だけはアナトリア考古学研究所の建設計画から外すことにした。ただ、発掘者としてはなんとか出土遺物を一般公開したいと思うのは当然のことであり、二〇〇一年のアナトリア考古学研究所建設募金委員会が発足した頃から日本の外務省の文化交流部に対して協力願いをたびたびおこなっていた。

しかし、一番大きな問題はトルコの経済が急速に伸びていることもあり、一般文化無償資金協力の枠組みの中に入らなかったことである。つまり、簡単にいうと、豊かな国となったトルコには無償援助はできない、資金協力は無理であるというのである。

研究所の設計図には既述した四棟が入ってはいたが、どうも博物館だけは除外するしか道はなさそうな気配になってきた。これには私自身、相当に頭を悩ませた。発掘をおこなった、研究も終わった、そして出土遺物はカマン・カレホユックのそばではなく五十キロも離れたクルシェヒル県の考古博物館に納める。そこには確かに考古学博物館があるにはある。一九八五年以来の遺物の多くは、この博物館の収蔵庫に納められている。しかし、展示自体はほとんどおこなわれていない。一九八六年に出土した遺物はいまだに収蔵庫に眠ったままである。これから出土するものも、収蔵庫の棚にのせられたままになることは間違いない。本当にそれでいいのだろうか。これが、私が望んでいたことだろうか。

欧米の研究機関は十九世紀末からアナトリアで盛んに発掘調査をおこなってきている。ドイツもそうである。フランスもイギリスも、そしてアメリカも長期戦で発掘をおこなってきている。彼らの発掘調査に対する姿勢の中心に、研究があることは間違いない。

欧米の研究機関は発掘調査で出土した遺物を、発掘をしているところから一番近い博物館に納めて、発掘調査を一応終える形をとっている。簡単にいえば、発掘して研究することだけが主体であって、博物館に納めたあとは遺物の研究をすることはあっても、そのほかのことにはあまり関心をもたない。アナトリア考古学研究所もその欧米のやりかたを踏襲すればいい。何も一度納めた遺物の展示に関心をもつ必要はないではないか。最初はそう思った。しかし、である。

オズギュッチ先生がいつも私に教えてくださったのは、欧米のあとを追うことはない、つまり踏襲することはない、ということだった。踏襲することはないとなれば、どうするかである。欧米とは違うやり方とは一体どのようなものかである。外務省の一般文化無償資金協力でなんとか考古学博物館をと思っていたが、途中で頓挫しそうになった。

「カマン・カレホユックが世界遺産にでもなるのであれば問題はないのですが」

外務省で、このようにいわれたときはもう無理かなと思った。私の立場はカマン・カレホユックのそばに考古学博物館を建設したいということであり、それを丁寧に何度でも文化交流部にお伝えすることだけであった。

しかし、よく考えてみると、私の行動はどう考えても私の思いだけを文化交流部にお伝えしていただけである。建設が終わった暁には博物館自体はトルコの文化・観光省に帰属するのであるから、本来であれば私の願いはトルコの文化・観光省、つまり考古局の願いでなければならない。そんなことはわかっていても、トルコ側は実際のところなかなか動いてくれそうにもなかった。考古局のなかには、「今さらカマンに博物館をつくってどうなることでもない」と嫌みをいう者もいたし、はっきり反対をする者もいた。

これを突破するのにはかなりの時間を要した。最終的には当時のナディル・アスラン文化・観光省次官補がカマンにまで何度かお出でになり、博物館はどうしても建設する必要があると判断してくださり、はじめて大きく動きだした。それもナディル次官補が転勤になる半日前に、日本の外務省への協力要請の書面に署名をしてくださったことで具体的に進んだといえよう。

署名をいただいたのちに、私は一つの仕事を進めて行く上では、かなりの運が必要だなと思った。と同時に、その運を引き寄せるだけの熱い思いがなければその運もいつの間にか離れてしまうのではないかと思った。

トルコの文化・観光省と考古局

カマン・カレホユック考古学博物館建設は、外交的にはレールにのることはのった。あとはつねにトルコ側からアンカラにある日本大使館を通して、外務省の文化交流部へと書類を送ればなんとかゴールが見えるところまできた。

博物館建設に関して、日本とトルコの両者が署名をしたのは、二〇〇五年、九月三十日のことである。博物館構想を文化交流部にお伝えしてから四年の月日が経っていた。今考えてみると、カマン・カレホユック考古学博物館は幸運な博物館だと思う。一時は建設計画が頓挫しそうになったが、歴代の駐土日本大使のお力添えがあり、トルコ側の文化・観光省考古局にしても何かにつけて応援してくださったことが実現への大きなサポートになった。

トルコの考古局は、考古学、美術史、保存化学、建築などの専門家を数多く抱えており、地方博物館の建設ともなると、ここから専門家が派遣される。考古局の専門家を交えてカマン・カレホユック考古学博物館の建設について何度となく審議を重ねた。日本側が建設費を負担することにはなっていても、考古局の専門家との打ち合わせでは何度ぶつかったことか。とくに展示のことでは決裂寸前までいってしまったこともある。私の構想は、発掘した順序に展示をしてはどうかという提案だった。これにはトルコ側は猛然と反対した。「博物館とは、……」といって展示の基本を私に諭すようにいう者も出てくる始末だった。

そのぐらいならまだいい。「日本が建設するからといって、ここはトルコだということは忘れないでほしい」とまで言われてしまった。その上、遺物とはいっても土器片であるが、それらを来館した子どもたちが直に手で触れるようにしたいと提案したときには、トルコ側で賛成する者は一人としていなかった。これも最終的には時の大臣の最終決断で認めてもらうことができた。この手で触れることのできる土器片の展示は、カマン・カレホユック考古学博物館が初めての例となったが、現在ではトルコのいくつもの地方博物館で同じような展示がおこなわれている。

博物館は遺跡の形にしたい

カマン・カレホユック考古学博物館の構想は私が立てた。前々から抱いていた博物館の構想があった。それは、カマン・カレホユック遺跡と同じ形の博物館を建設することであった。

カマン・カレホユックは、径二八〇メートル、高さ十六メートルで、台形状を呈している。そこには北区と南区の発掘現場がある。既述したようにカマン・カレホユックの調査目的は「文化編年の構築」であり、それは北区で盛んにおこなっている。北区を上手く組み込んだ形で博物館ができあがったら嬉しいと思っていた。さらには、第Ⅰ層のオスマン時代から第Ⅳ層の前期青銅器時代までを階段状に展示できればとも思っていた。

私は建築の設計などに関する知識はまったくない。設計する人に対して、自分の思いをただ伝えるのみである。それができるかどうかはあまり考えなかった。

ただ、博物館の展示に対してはささやかな夢があった。その夢は単純なものだった。発掘した遺物を自分で展示すること、博物館を訪ねてきた人々にそれらを案内することだった。なんと小さな夢かと思われるかもしれないが、それを一度でいいからやってみたいと思っていた。説明するうえでは、発掘した日のこと、一緒に発掘をした労働者のこと、出土した瞬間のことなど、とにかく丁寧に話すことができたらどれだけ楽しいことか、と思っていた。

私にとっての考古学博物館とは

発掘者が出土した遺物を語るのが一番いい。おそらく一番迫力があるのではないかと思っている。以前、イギリスのアシュモレアン博物館へ行ったことがある。小学生の子どもたちが展示ケースの中の遺物を一所懸命写生していた。そのそばで博物館の学芸員がおそらく子どもたちへ話すための準備だろうか、オリジナルの円筒印章を小さな机の上に並べていた。

二時間ぐらいしてから子どもたちはどうしているかと思い、もう一度彼らがいる場所に戻ってみることにした。そこには写生を終えた小学生、おそらく日本でいえば小学五年生ぐらいだろうか。学芸員の話に耳を傾けていた。学芸員は三十代前半ぐらいの男性でワイシャツ姿である。口角泡を飛ばしての大熱演を、子どもたちの前でおこなっている。これには私は本当に感動した。子どもたちのまなざしを見る限り、彼らは学芸員の授業の内容を十分理解していると思った。これだなと強く感じた。博物館の仕事の一つとしてやるべきことは、私なりの感覚ではあるが、来館者に対して学芸員や専門家が話すことではないか。アシュモレアンの学芸員の姿に、新たにできるカマン・カレホユック考古学博物館のあるべき姿を見たような気がした。

博物館の学芸員は、来館者へのサービスだけではない。そのほかにもおこなわなければならない業務が沢山あることはわかっている。しかし、それでも来館した人々に対して、学芸員なり研究員が何か話しかけない限り、来館者は何一つ理解しないまま博物館を離れて行くことになるのではないか。少しでも話しかけることがいかに大切なことか。現在、できあがったカマン・カレホユック考古学博物館を歩きながら痛感していることである。

工事が始まったものの……

二〇〇七年、七月にカマン・カレホユック考古学博物館の建設工事が本格的に始まった。この建設工事には日本の大手の建設会社が関わってくれたこともあり、それほど私は心配することはなかった。私にとって博物館をカマン・カレホユックの形態にしてくれればそれだけで十分だった。つまり、遺跡の形をした博物館の中にカマン・カレホユック出土の遺物を展示することができれば十分だった。

日本の建設会社が入ったことで、私は建設現場に時折顔を出すぐらいですむと高をくくっていた。彼らにすべてを任せておけば博物館はできあがると思っていた。だが、それはあまりにも甘い考えだった。そしてそれに気付いた時には、もう手遅れだった。

建設会社が受注したと同時に、問題が出てきた。この予算ではこれもできない、あれもできないというのである。その中には博物館にとって極めて重要な展示ケース、パネルなどが入っていた。できるのは、遺跡の形をした博物館そのものと、館内に置く遺跡の模型のみであるという。建設費が嵩むからといって、展示ケースのない博物館ではどうしようもない。

これは大問題である。受注した日本側の建設会社は、展示ケースには鐚一文払えないというのであるから、トルコ側と打ち合わせをする以外道はなくなってしまった。入札する際には、展示ケースまで作成しての見積もりだったはずである。それがいつの間にかあれもできない、これもコスト高で無理と建設会社から私に話が入ってきた時は、ただ呆れ返るだけだった。

建設工事が終わって開館した今でも、どこか割り切れないものを抱いている。もし、これをトルコの業者にはじめから任せていたならと思うと残念でならない。これは日本のシステムであるからどうしようもないが、日本の税金で一般文化無償資金協力が成り立っているのであれば、もっと効果的に税金を使う方法があるのではないかと思った。最初からどれだけの利益があがるということを大前提に入札に参加していたとしか感じられなかった。これが企業の論理と言われれば何一つ返す言葉もない。

いずれにしても展示ケース作成に関しては、私がトルコの文化・観光省と折衝する羽目になった。当時のエルトゥール文化・観光大臣に何度もお会いし、展示ケース、パネルなどになんとか助成していただきたい旨を伝えた。考えてみると、これは何も私の仕事ではない。博物館はトルコ側に渡したものであるから、展示ケースなどは、彼らが考えればいいことである。博物館建設に関してアンカラの本省と掛け合うのは、カマンに最も近いクルシェヒル考古学博物館がおこなっていた。となると、展示ケースなどの作成費に関してはクルシェヒル考古学博物館のアドゥナン館長がおこなえばいいことである。

最終的には文化・観光大臣が邦貨で約七千万円を出してくれたことで問題は解決した。トルコ側の業者が展示ケースを製作してくれたのはいいが、その出来ばえは全く納得のいくものではなかった。何度、展示ケースを製作している工房へ行ったことか。展示ケースのガラスのカッティング一つにもクレームをつけた。クレームをつけたのはいいが、それに応えるだけの技術を相手が持っていなければどうしようもない。それとガラスの接合部分はもう目も当てられないものであった。展示ケースのガラスの接合が上手くいかず、最終的には、隙間のある展示ケースが五つもできてしまった。それをまったく気にもかけないのだろう。工房が平然と博物館に納めにきたのを見たときには愕然としてしまった。

遺物を新博物館の収蔵庫に移動

カマン・カレホユック考古学博物館は、二〇〇九年の四月に完成した。できあがったのはよかったが、既述したように内部には展示ケースもないがらんどうだった。ほぼ中央部に遺跡の模型が置かれているのみだった。

いかに博物館の建物が完成したからといっても、大きな問題があった。一つは、これまで出土したカマン・カレホユック遺跡のすべての遺物は、カマンの東約五十キロにあるクルシェヒル考古学博物館に納めていたこともあり、それらをカマンの新博物館まで運ぶという大仕事が残っていた。

遺物を新しい博物館へ移動させるとなると、これは難事業である。というのはトルコの文化財法で、遺物の移動は容易ではないことを知っていたし、移動する前に新博物館の収蔵庫をきっちりと整備をしておかなければならなかった。二つ目が展示ケース、そしてパネル作成の問題だった。さらに三つ目はだれが展示作業の中心となって指示するのかということだった。

まず第一の問題点であるが、これをおこなう上で、新博物館の収蔵庫の整備から始めなければならなかった。端的にいえば棚づくりであり、何をどのように置くか、ある程度の目安を立てておく必要があった。それと同時に解決しておかなければならないことがあった。クルシェヒル県の考古学博物館にこれまで納めていた三千点を超す遺物の保存状況を一つ一つ点検する作業があっ

カマン・カレホユック遺跡模型

た。これはクルシェヒル考古学博物館のアドゥナン館長が中心になっておこなうことになっていたが、一カ月ぐらいで終わると踏んでいた作業が、なんと半年もかかってしまった。

一つ一つの遺物を三人の学芸員が観察し、納められたときの状態と変わりがないことがわかれば、そこで三人の学芸員が署名をして一つの遺物の検査が終わるのである。これをすべての遺物に対しておこなうのであるから、当然のことととして時間はかかる。それともっとも厄介なことは、学芸員のだれか一人でも私用で外れると、作業がぴたりと止まってしまうことだった。そんなときは待つ以外なかった。そのようなことが余りにも多いため、嫌気がさしてしまうこともあった。体調を崩したのならわかる。しかし、そんなことではない。「友人が訪ねてきたから今日の作業はできない」とか、理由にもならない理由にかなり振り回された。

遺物をクルシェヒル考古学博物館からカマン・カレホユック考古学博物館へ移動するときは法律上、警察官をつけなければならない。それもクルシェヒルの警察署にお願いして二名の警察官を派遣してもらった。

二〇〇九年の八月に始まった遺物の点検も二〇一〇年の四月にほぼ完了し、三回にわけて遺物は新博物館の収蔵庫へと納めることができた。すべての遺物は、約二十五年ぶりにカマン・カレホユックのそばに戻ってきたことになった。

展示専門家の招聘

展示ケースの製作は二〇一〇年に入って本格的になった。既述したようにこれにも大分苦しめられた。こちらの希望どおりに製作してもらうのは到底、無理であることが途中で明らかになった。できる限りこちらの希望に近い形になればいいということで妥協せざるをえなかった。そのうえで展示プランを組み立てることにした。

私は考古学が専門であり、博物館の展示に関してはまったくの素人である。何をどう並べたらいいのかもさっぱり分らない。夢だけはあるのだが、それを具体的にするとなるとまったく歯が立たない。

国際交流基金の専門家招聘というスキームがあることは前々から知っていた。カマン・カレホユック考古学博物館の中央部に設置する遺跡模型に関しては、展示専門家である永金宏文さんの協力をいただいていた。永金さんはこれまで海外の博物館の展示などを数多く手がけており、文字どおりプロ中のプロの専門家であった。模型を作成する際は、考古学博物館の設計をしたグループと共同作業をおこなっていたが、展示となると独立した作業である。

永金宏文さん

考古学博物館が完成した段階から展示についての素案づくりに入った。それと同時に、国際交流基金を通して永金さんの招聘をお願いした。もちろん、これをお願いする上ではトルコ側からの要請がなければできることではない。ただ、このときもなかなかトルコ側が招聘を認めてくれず、苦労してしまった。トルコの文化・観光省の立場からすると、トルコには百を超す博物館があるし、それらの展示を自分たちでおこなってきたという自負があったのではないかと思う。最終的には認めてくれたものの、展示にはクルシェヒル考古学博物館の学芸員も参加することを前提としたものだった。

永金さんが展示作業に入ってくれたことで、作業は一気に進みだした。私が予想していた以上に展示作業が難しいことがわかった。到底、素人の発想だけでは進まないことも十分に理解できた。展示パネルにしても、来館者に読んでもらうには二〇〇字ほどがいいのではないか、文字の大きさはどの程度がいいのかなど事細かに永金さんに教えていただいた。

アナトリア考古学研究所としては、永金さんの指示でパネルの原稿書きに集中することにした。永金さんは研究所のハウスに泊まり込み、毎日新しくできた考古学博物館へ通っては、まず展示プランの原案を作ってくださった。これをもとに研究所で討論会を繰り返しながら最終案を作り上げた。そこまでに何度もアンカラにある考古局を訪ねてはお伺いを立てた。

博物館の建設にはもちろんのこと日本政府が資金を出してはいるものの、博物館自体をトルコの文化・観光省に寄贈した段階で日本側はあまり口出しができない状態になることはいうまでもない。さらに展示ケースなどはトルコの予算で製作されることを考えると、展示作業もトルコ側が主体的になるのが当然のことではあった。今考えると、トルコ側が展示に関して全面的に日本側に任せてくれたのは、ある意味では異例のことだったように思う。

展示品を選ぶ作業

これまでカマン・カレホユックから出土した遺物は、土器片、獣骨なども数えるとなると無数といえる。おそらく数百万点どころではないはずだ。その中から三千点をこれまでクルシェヒルの考古学博物館へ納めている。それらの遺物の中から選んで展示するとなると明確な展示プランがないとできない。永金さんを招いたのはそのためだった。

展示にあたって私が提案したのは、発掘調査で出土した順序で展示をおこなってはどうだろうかというものだった。つまり、簡単にいえばこれまでの博物館の展示の仕方を完全に変えてみたかったのである。これまでの博物館の展示は、古い時代から新しい時代へと遺物を並べるのが一つの手法であり、これは日本の博物館でも採用されているものだ。それを私は大きく変えてみることを提案した。カマン・カレホユックで出土した順に並べるのはどうだろうかと永金さんに提案したところ、一言、「面白そうですね」という。

私は、「それならば」といって、カマン・カレホユックの第I層のオスマン帝国時代からの遺物を並べることにした。これにはトルコ側からはかなりの抵抗があった。それは当然のことである。これまでのトルコの博物館は、旧石器時代、新石器時代、銅石器時代、前期青銅器時代、そして鉄器時代と古い方から並べるのが一般的であり、どこの博物館も同じ順序で展示をしている。それをオスマン帝国時代から並べるというのであるから、考古局との打ち合わせの際にはかなりの説明をする必要があった。

私には、一つどうしても曲げたくない信念があった。来館者にたいして、一つの遺跡が、掘り進んでいくとどうなるのかということを順序良く説明したい思いがあった。アンカラで考古局と打ち合わせをする際に、カマン・カレホユックの発掘調査が終わったわけではないこと、これからまだまだ遺物が出土すること、そして何より上層から下層へ文化が堆積していることを説明するうえでは、どうしても新しい時代から展示したい旨を伝え、最終的には了承された。

「トルコにおける日本年」開催

二〇〇三年、東京を中心として「日本におけるトルコ年」が開催された。私も、中近東文化センター、朝日新聞、日本放送協会が主催する「トルコ三大文明展」に関わって、カタログ作りなどに参加した。

二〇一〇年は、今度は「トルコにおける日本年」ということで、日本の外務省が中心となりアンカラ、イスタンブルなどの都市を中心として数多くの催事がおこなわれることになっていた。その「トルコにおける日本年」の名誉総裁に寛仁親王殿下がご就任になられていたこともあり、アナトリア考古学研究所では、「トルコにおける日本年」の実行委員会に、二〇一〇年に開催されるいくつかの催事のなかの一つとしてカマン・カレホユック考古学博物館の開館も入れて頂くことになった。

二〇一〇年の五月には「日本年」のオープニングがイスタンブルのチランパラスで開催され、寛仁親王殿下もトルコにお成りになられることになっていたが、その段階ではまだ博物館の展示ケースもできていない状態だった。五月のオープニングには到底間に合いそうにもなかった。その旨を寛仁親王殿下にお伝えし、約二カ月後の七月一〇日に考古学博物館の開館式典をおこなうことにした。

イスタンブルのチランパラスでおこなわれた「日本年」は盛大なものだった。トルコ側からはギュル大統領もお見えになったが、寛仁親王殿下と大統領が会見をした際にはカマン・カレホユック発掘調査のことも話題にのぼったとのことだった。

毎日続く展示作業

二〇一〇年の四月から七月まではアナトリア考古学研究所とカマン・カレホユック考古学博物館は戦場のような状態だった。そのなかでも第二次ビュクリュカレの発掘調査をおこなっていた。休めばいいようなものであるが、やはりわれわれはトルコに発掘調査に来ているのである。それをやらないのであれば自分たちの存在価値は何もないのではないかと思い、無理を押して発掘調査と博物館の展示を並行しておこなった。

発掘調査は三時に終わり、そのあと考古学博物館で永金さんの指導のもとに展示作業をおこなった。最初のうちはクルシェヒル考古学博物館の学芸員も参加していたが、途中でドロップアウトをしてしまった。永金さんの進め方はじつに合理的だった。最終の展示案をテーブルの真ん中に置き、オスマン帝国時代から展示にとりかかった。

アナトリア考古学研究所からは、手の空いている隊員は毎日のように博物館へ向かって展示作業をおこなった。一つの時代が終わり、つぎの時代へと展示が変わるたびに一息入れながらの作業となった。

既述したことではあるが、実際に展示ケース内に遺物を入れるとなると、どうしても展示ケースの細かいところに不具合がでてきた。その度に永金さんは溜息をついてしまう。それはそうであろう。展示ケースのコーナーに隙間があるのを見たときは、永金さんは、「あれだけ指導したのに」と本当に口惜しそうに独り言をいっていたのが印象的だった。トルコの業者には、ガラスをカットする技術がないことと、展示ケースに隙間があっては使いものにならないことが理解できなかったようである、

鉄器時代出土のフィブラの展示作業は楽しいものだった。フィブラは留金、あるいは安全ピンとでも訳すといいのだろうか。これまでの発掘調査で数百点は出土している。このフィブラの形態を観察すると、

ギリシアタイプ、アナトリアタイプ、ウラルトゥタイプ、中近東タイプなど、多くの種類がカマン・カレホユックから出土している。さらに興味深いのは、カマン・カレホユックからはフィブラの石製の鋳型が二点出土していることである。つまり、鋳型が出土しているということは、カマン・カレホユックでフィブラが鋳造されていたことにもなる。その二点も展示することにした。フィブラは一点一点ボードに水糸で丁寧に貼り付けていった。

トルコから日本に何度か展覧会の資料を運んだことはあるが、展示作業には一度として関わったことがなかったため、私にはこの作業がじつに新鮮だった。隊員も夜遅くまで丁寧にボードに展示物を貼り付ける作業を手伝ってくれた。

土器などの大きな遺物には、展示ケースの中でも背の高いものを使った。時代別に並べるのは容易に見えるが、実際に土器を展示ケースに入れるとなると年代は間違っていないかと、何度も躊躇してしまうことがあった。自分たちで発掘したものである

フィブラの展示作業

フィブラの石製の鋳型

から自信をもって並べればいいのだが、決して単純には進まなかった。私は、展示作業をしていて迷ったときには永金さんに何度でもたずねた。それに加えて私の基本方針は、来館者に見学してもらう際に見学がスムーズに流れるか、つまり動線に重点をおいた。つまり、展示がちぐはぐになっていないことが極めて重要であり、それに注意を払いながらの作業をおこなった。

博物館の展示パネル

遺物を展示ケースに入れる作業は順調に進んだ。これは永金さんに感謝をしなければならない。永金さんがいなければ、おそらくここまではスムーズにいかなかったのではないかと思うし、途中で諦めていたかもしれない。遺物の展示と同時に、おこなったのはパネル用の解説を書くことと、写真の展示だった。これも永金氏の指導のもとに研究所で仕上げた。

それをアンカラでパネルにしてカマンへ送ってもらうのはいいのだが、何度送られてきても永金さんは一度として納得することはなかった。字が小さすぎるとか、色合いが希望したものではないとか、しまいには永金さんがパネルを作成している工房へ行って、実際にやって見せながら徹底的に指導をしてくださった。それが功を奏したのか、展示パネル自体はなかなかのレベルにまで漕ぎつけた。パネルには、トルコ語、英語、そして日本語の三カ国語を併記することを基本としたが、数多くあるトルコの博物館のなかで日本語の解説があるのはカマン・カレホユック考古学博物館だけである。

博物館の模型づくりと映像

模型づくりも永金さんにお願いした。アンカラに模型づくりができる工房があるということで、永金さんとその工房を訪ねたことがある。なるほど、建物のミニチュアなどを作っている。これなら大丈夫かなと思ったが、永金さんは単刀直入に次のようなことを言った。

「この工房では希望したものは作れませんね」

どういうことかわからなかったので、カマンへの帰りの車中で訊ねてみた。

「現代建築のミニチュアはあの工房でも作れるかもしれないが、古代の家々のミニチュアとなるといくら情報を出してもあの工房ではできないと思いますよ」

永金さんの言ったことはじつにびっくりするほど当たった。さすがは専門家だと思った。オスマン帝国時代のミニチュアはなんとか作ることはできたが、ヒッタイト、アッシリアのものはついに製作できず、その工房への依頼は断念してしまった。

それと映像の作成にも大分苦労をしてしまった。古代の町を復元したものを映像にして欲しいとの要請が、アンカラの考古局から入ってきた。このようなトルコ側の要請は、唐突な場合が多い。この時もそう

オスマン帝国時代のミニチュア模型

だった。ただ、この映像に関する費用もすべてトルコが負担するという。断わることもないと思い、アンカラの中東工科大学のコンピュータ科の研究室と共同製作することにした。

これにも永金さんはあまり乗り気ではなかった。

「子どもたちは目新しいものには飛びつくだろうが、すぐに飽きられてしまうし、故障した場合のことを考えるとお勧めはできない」

博物館内の映像機器が故障してしまい、そのままになっているのを見ると、今さらながら永金さんが反対された気持ちが判るような気がする。ただ、カマン・カレホユックの映像の技術は、その後、トルコの地方博物館でも採用されるようになり、一つの流行になったことだけは確かなようだ。

いずれにしても展示パネル、模型づくり、映像づくりは、展示とともに並行して作業は進められた。そしてその中でも発掘調査もおこなったのであるから、研究所内の連日の熱気は想像以上のものがあった。

カマン・カレホユック考古学博物館開館式準備

二〇〇一年、七月一〇日、カマン・カレホユック考古学博物館は開館した。開館するまでの準備について少しだけ触れておきたい。この開館にあたっては、日本の外務省、トルコの外務省、文化・観光省などの協力があって初めて実現したものと思っている。実際に建物ができたときは、まさかここまで具体的になるとはまったく予想もしていなかった。外国の研究機関がトルコで数多く発掘調査をおこなってはいるものの、考古学博物館を建設するところまでおこなっている機関はなかった。

それから考えるとカマン・カレホユック考古学博物館は異例中の異例だった。これはどう考えても一度としてぶれることなくこのプロジェクトを推し進めて下さった寛仁親王殿下のお陰だと思う。それとトルコのエルトゥール・ギュナイ文化・観光大臣が全面的に応援して下さったこと、さらには、当時のムラット・ススル考古局長が、「展示に関することには全責任を自分がとるから心配しないで進めてほしい」と私を支えてくれたことなどがあった。今考えると何から何までうまく動いたと思う。

ムラット・ススル考古局長

ムラット・ススルさんは、考古局長として二〇一〇年の三月に就任したが、彼はカマン・カレホユックの査察官として、二〇〇四年にカマンの発掘調査に参加したことがあった。査察官でやってきた時のムラット局長が、「発掘調査を一から勉強したい」と言ったのには些か驚いてしまった。積極的に発掘をおこないたいという査察官は少なかったからである。

カマン・カレホユックで四カ月にわたりトレーニングを受けてもらった。彼には、「カマン・カレホユックの査察官という立場を放棄しないことには何一つ学ぶことができない」と伝えたことを覚えている。彼はそれを今でも忘れていないという。その彼が考古局長になり、開館のトルコ側の総指揮をとるということで気分は楽になった。私は、毎日のように局長と電話で打ち合わせをした。

ムラット局長はエルトゥール文化・観光大臣に可愛がられていたこともあり、私が局長に何かをお願いすると即座に大臣に連絡をとってくれた。そういった一連のことで愉快なことがあった。それは開館式典が終わったあとにパーティーをやろう、というムラット局長の提案だった。それは願ってもないことだったが、研究所にはそれをおこなうだけの経済的な余裕がない。ムラット局長に正直に伝えると、「パーティーの費用はトルコ側がすべて負担しよう」という。少なくともパーティーには五百人はやってくる。お出でになった方々全員に飲み物を出すだけでも大変な負担になる。そのときにムラット局長が私に言ってくれたことは、本当に嬉しい言葉だった。

「私がカマン・カレホユックで学んだことが自分の人生を大きく変えたと思っている。カマン・カレホユックの発掘調査の査察官の任務の後にいくつかの現場に行ったが、そこではカマン・カレホユックで学んだお陰で一度としてとまどったことはなかったし、今でも心から感謝している。いつの日か先生には恩返しをしようと思っていた。それがこんな形でできるなんて嬉しいですよ。とにかくなんでもいってほしい」

私は何もそのために彼をトレーニングしたつもりなどない。ただ、彼は発掘現場では査察官の役目などまったくやらないで、一所懸命発掘調査に専念したし、労働者ともじつに上手くやることができた。それがこんな形で応援してくれるとは予想もしていなかった。

ムラット局長が、「パーティーは日本人のお客さんもたくさんお出でになるだろうから、お寿司を出そうじゃないか」という。アンカラのレストランでそれをやってくれるところがあるという。彼は気が早いなどというものではない。私との電話のあと、すぐにレストランに電話をかけて直接交渉をしたとのこと。そのレストランも気風がよく、「このお寿司はレストランからの贈りものにさせて欲しい」とのことだった。それもムラット局長が嬉しそうに電話をかけてきてくれた。

開館式典で一番困ったのは、来賓客に座っていただく場所を決めることだった。寛仁親王殿下のそばにだれもが座りたいのは当然である。これがなかなか大変な大仕事だった。クルシェヒル県知事、クルシェヒル県選出の国会議員、カマンの郡長、周辺の郡長など、とにかくその数たるや想像以上のものだった。これに関しては文化・観光省にすべてをお任せすることにした。アナトリア考古学研究所が仕切れるものではなかった。それと開館のオープニングには大統領府のオーケストラが七十名ほどカマンにやってくることになっていた。これらを上手く滞りなく動かすとなるとかなりの準備が必要である。正直なところほとんどお手上げの状態で式典を迎えることになった。

開館式典開始まで心配が続く

二〇〇一年、四月にアナトリア考古学研究所の募金活動を始めてから、もう十年が経とうとしていた。二〇〇五年に研究所の外観と研究棟が完成していたものの、その後は会議棟、そして収蔵庫棟の内部、居住棟の内部と一つ一つ完成させた。どれも一筋縄ではいかなかった。二〇〇九年に考古学博物館の建設が終わったとほぼ同時に研究所の建設作業も完了した。寛仁親王殿下にはカマン・カレホユック考古学博物館をご覧いただきたかったのは当然のことであるが、それと同時にアナトリア考古学研究所の完成した姿もぜひご覧いただきたいと思っていた。

七月一〇日の開館式典に合わせ寛仁親王殿下、彬子女王殿下が百名を超す日本からの式典参加者とともに、お泊まりのカッパドキアのホテルからカマン・カレホユック考古学博物館へお成りになることになっていた。私も殿下のご一行にお伴をさせていただく関係で、式典の準備が順調に進んでいるかなどわからず、とにかく気がかりだった。開館前日からは一時間おきぐらいに研究所に電話をかけた。

七月七日、寛仁親王殿下、彬子女王殿下がアンカラにお着きになった。私はアンカラのエッセンボア空港にお出迎えをした。遠路はるばるアンカラへお成りいただいたことに寛仁親王殿下のお身体のことを考えるとなんとも申し訳ない気持ちで一杯だった。私はその日から殿下のツアーに参加させていただくことになった。

旅の途中も頻繁に私は研究所へ連絡を入れた。何分私がカマンを離れる際には、やっと展示ケースの中に遺物が入り始めたところだった。パネルも博物館の案内も掛かっているわけではなかった。とにかく心配でどうしようもなかった。

博物館のオープニング式典は一〇日の午後四時と決まっていた。その時刻まであと六十六時間しかない。連絡を入れるたびにどこまで進んでいるかをたずねた。電話を通して、永金さんが中心となり展示作業がおこなわれているのがひしひしと伝わってきた。

七月九日、永金さんから連絡が入った。博物館の入口の壁にかけるはずのトルコの地図が式典までに間に合わないという。これはまったくの計算外だった。思わず永金さんに、「どうして！」と叫んでしまった。聞くところによるとトルコの地図はＮＡＳＡの衛星写真を使う予定だったのだが、その写真の値段があまりに高くてトルコの文化・観光省としてはとても手がでないのだという。そんなことは前々からわかっていたことではないか。もっと早くに言ってくれればいくらでも手の打ちようがあったのに。後の祭りとは正しくこんなことをいうのだろう。

式典当日は居ても立ってもいられない気持ちだった。殿下のご一行は、二時三十分頃、カッパドキアか

ておらず、カマンに到着されることになっていた。私は殿下のお許しをいただいて、カッパドキアを一足先に発ってカマンへと向かった。展示が間に合うかどうか、とにかく気が気でならなかった。かなりのスピードで車を走らせたこともあり一時間半ほどでカマンに到着した。

早速、私は博物館内、式典会場を見て回った。そして愕然とした。式典の演台をはじめ大統領府のオーケストラが演奏する舞台が全く届いていなかったのである。業者がまだ来ていないのだという。

今回の式典を取り仕切っていた研究所の事務局を担っているデニズに、矢継ぎ早に業者に電話を入れてもらった。返って来る返事がなんとものんびりしていた。もうじき演台はカマンに到着するというのだ。

午後に入ってなんとか演台も到着、舞台がなんとか組み立てられた。それと同時に、トルコの大統領府のオーケストラ約七十名がバスで到着、楽器が舞台に運び込まれ、緊張感がどんどん高まってきた。

二時三〇分、両殿下がカッパドキアからカマン・カレホユック遺跡にお着きになった。私は発掘現場でお二人をお出迎えした。今回の式典に日本からお出でになっている方々も、百名を超しており皆さんにも遺跡をご覧いただくとなると、三〇分前後では終わりそうもなかった。遺跡の頂上部でカマン・カレホユックの全体像、ヒッタイト時代の貯蔵庫、そして「暗黒時代」の火災層をご覧いただき、バスでアナトリア考古学研究所へとご案内した。四時に始まる式典までのあいだ、両殿下には研究棟、会議棟などをご覧いただいた。

両殿下がアナトリア考古学研究所にお着きになると、式典会場にも緊張が走った。私が式典会場、博物館で研究員に話しかけても、誰一人としてほとんど聞く耳をもっていなかった。博物館のなかで目的もなくボーッと立っている者はいなかった。パネルを張っている者、展示ケースを磨いている者、床掃除をしている者、ライトの調節をしている者、全員が必死になって式典開始に向けて走っているように見えた。研究所の研究員、調査に参加している隊員は徹夜をしていたのだという。そういわれて見ると、全員の目が赤くなっている。

テープカットの場所が作られ、記者席が設けられ、新博物館の入口のところまで赤絨毯がしかれるなど、着々と作業は進められていた。式典では神津善行先生が作曲なさった「カマンの夕日」が演奏されることになっている。先生は燕尾服に着替えられ、式典会場でオーケストラの練習をご覧になっている。神津先生のご子息の善之介さんが、会場が作られていく光景を不安そうな面持ちでご覧になっていた。

博物館の周りには近くのチャウルカン村、カマンの町などからびっくりするほどの人々が集まってきていた。もう警察が取り仕切れるような状態ではない。博物館のそばの「三笠宮記念庭園」にもつぎつぎと人が集まってきた。三千人以上は集まったのではないか。彼らは式典がはじまる数時間前から、今か今かと首を長くして待っていた。

鎮魂の曲が流れる

両殿下が研究所から式典会場にお着きになったのを、私はほとんどお見かけすることができなかった。とにかく凄い人の数だった。それと二〇〇五年の研究棟完成式典のときとは比べものにならないぐらいの数のマスコミ関係者である。カメラのストロボが眩しいぐらいだった。両殿下とトルコのエルトゥール文化・観光大臣がストロボを遮るようにして会場のほぼ中央部にご着席になられる瞬間に、会場から大きな拍手がわき起こった。

司会進行をしている日本・トルコ協会の大曲祐子さんが一所懸命、「皆さんご着席願います」とトルコ語で言ったところで、なかなかその興奮は冷めやらなかった。

両国の国歌が演奏された。会場は一瞬静寂に包まれた。「君が代」が演奏され、そして続いてトルコの国歌が流れた。トルコの大統領府のオーケストラによる国歌演奏である。あれだけ賑やかだった会場の熱気を、国歌が冷ましているように思えた。

大曲さんが淡々と司会を進行していった。寛仁親王殿下のお言葉、途中から彬子女王殿下がご代読、そしてエルトゥール文化・観光大臣のご挨拶と続き、このアナトリア考古学研究所、カマン・カレホユック考古学博物館プロジェクトに多大なる貢献をしてくださったニメット先生に殿下から感謝状が贈られた。

神津先生が二〇〇五年にお出でになった際に、アッシリア商業植民地時代の大火災層をご覧いただいたことは記憶している。そしてその際に火災層の中から幼児の人骨がたくさん出土したこと、その幼児を庇うように二〇代の女性の人骨が出土したことなどをお伝えしたはずである。「カマンの夕日」は、その亡くなった幼児、女性に捧げるために作曲をなさったものだという。神津先生がタクトを振られる時は、まさしくカマンは夕日が落ちる時刻に近づいていた。

指揮棒を振る先生が、私にはもの凄く大きく見えた。式典会場から遺跡までは一・五キロある。カマン・カレホユックのアッシリア商業植民地時代の大火災層は、今でも残っている。オーケストラの奏でる「カマンの夕日」の音色はそこまでも流れたに違いない。アッシリアの火災層は、まぎれもなく戦闘の跡であった。その中から数十体の人骨が出土したのである。火災の跡を慎重に調べると、男性の人骨の側からは青銅製の武器が出土した。おそらく壮絶なる戦いがあったに違いない。幼児と

博物館開館式典会場の様子

その母親たちは奥の部屋に隠れ忍んでいたのだろう。そんなことを神津先生に話したのではないかと思う。私がご案内した際の火災層から出土した幼児の人骨と女性の人骨の話が、「カマンの夕日」を作曲する切っ掛けになったという。演奏はアナトリア高原の大地を這うかのように遺跡へとゆっくりと流れた。それは、鎮魂の曲にふさわしいものだった。

博物館開館のテープカット

オーケストラの演奏が終わり、いよいよ両殿下がテープカットをおこなう博物館の入口へと移動された。エルトゥール文化・観光大臣もその場所へと足を運ばれた。テープカットがおこなわれる場所の周辺はマスコミがびっしりと固め、立錐の余地もないほどだった。寛仁親王殿下が彬子女王殿下の側にお

博物館開館のテープカット

立ちになり、女王殿下とエルトゥール文化・観光大臣がテープに鋏を入れられた。大きな歓声と拍手がわき起こった。

博物館のご視察のルートは前々から考えてはいたが、寛仁親王殿下、彬子女王殿下、そして大臣の周りには、もう制御できそうにもないくらいのマスコミが押し寄せていた。私が展示ケースの前でご説明しようとしても、ストロボの眩しさでなかなか上手くできる状態ではなかった。博物館内は数百人を超す入館者で賑わった。今考えてみると、両殿下にはカマン・カレホユック出土の遺物をゆっくりご覧いただけなかったのではないかと思っている。それが残念でならなかった。

レセプション会場も千人を超す参加者で大賑わいになった。おそらくチャウルカン村始まって以来の大イヴェントだったに違いない。その賑わいも日没とともに徐々に静まっていった。

午後八時三〇分、寛仁親王殿下、彬子女王殿下がレセプション会場をあとにされた。両殿下をお見送りしたのちに、エルトゥール文化・観光大臣も会場を離れた。要人が帰宅の途についたと同時に、会場は静けさをとり戻し、いつものアナトリア高原の乾燥し切った夏の夜を迎えた。

その後の博物館

七月一〇日の開館の翌日から、多くの来館者で賑わった。博物館がオープンして一カ月で延べ約五千人が訪ねてきた。いまだに式典は、夢の中の出来事のような感じがしている。本当にこの考古学博物館は完成したのだろうか。夢から醒めると、そこには荒涼としたアナトリア高原の大地のみがあるのではないか。

エルトゥール文化・観光大臣が、「これからはカマン・カレホユック考古学博物館を一つの手本にしてトルコの文化行政はやっていきたい」と全国各地でおっしゃって下さっていることは、最高の賛辞といえるのかもしれない。

博物館には毎日のように沢山の子どもたちが遊びにやってくる。彼らは展示ケースを、一所懸命食い入るように覗き込んでいる。私になんでも質問してくる。この子どもたちが近い将来カマン・カレホユック発掘調査の手伝いにやってくるのだろう。先日、博物館で子どもたちに話しているときに、彼らの中から次のような言葉が出てきた。

村の子供たちへのミニ講演会

「オオムラさん、われわれの博物館にだれが来ても、オオムラさんぐらいは説明できるよ」と、得意気にいう。この「われわれの」という言葉がなんとも嬉しかった。子どもたちにとってはカマン・カレホユックにしても、研究所にしても、博物館にしても自分たちのものだという意識が芽生えはじめているのかもしれない。

アナトリア考古学研究所につづいてカマン・カレホユック考古学博物館も完成した。プロジェクトは、実に十年がかりで終わった。発掘調査で出土した遺物を展示できるのは、何より嬉しいことだった。どの博物館も開館したばかりのときは、物珍しさで大賑わいになる。カマン・カレホユック考古学博物館も、その例外に漏れることなく賑わっているのかもしれない。しかし、その賑わいも数カ月もすると徐々に沈静していくというのが一般的なようである。

カマン・カレホユック考古学博物館の側には、一九九三年の九月にオープンした三笠宮記念庭園もある。そこには現在では、毎年八万を超す来園者がある。とすれば、そこにやって来る人たちだけで博物館はかなりの賑わいを見せるに違いない。極めて大雑把ではあったが、考古学博物館にも一年間を通して数万を超す来館者は間違いなくあるはずと踏んだ。

この博物館の管理自体はトルコの文化・観光省に渡したこともあり、開館以後は博物館から相談を受けた際には協力することとし、普段は文化・観光省に完全に任せることにした。

開館から半年ほどは、クルシェヒル県の考古学博物館の館長アドゥナン・クルシェヒル考古学博物館長が館長代理をしていた。考古局は女性の学芸員プナル・イルマンさんを送ってきた。一年前に考古局に採用された新人だった。新人を送ってきた背景には、考古局長に何度か若手の学芸員をカマンに送って欲しい旨を常日頃伝えていたことがあったようである。彼女はアンカラ大学の言語・歴史・地理学部の中近東考古学科を卒業していた。私もこの学科に以前席を置いていたこともあるので、私の後輩にあたる。

彼女は真冬に赴任してきたが、研究所を訪ねてくるわけでもなかった。おそらく一年もしないうちに転勤を希望してアンカラにでも戻るのではないかと思っていた。しかし、あにはからんや彼女は春先になっても博物館にいるではないか。

一度、春先に彼女を訪ねてみると、展示ケース、トイレなどをクリーニングしている。これには心底驚いた。トルコの博物館で、学芸員が展示ケース、トイレなどの清掃をすることはまずない。まずない、ではなくあり得ないことである。博物館の仕事は見事なほど分担されている。清掃をする人、入場券売り場の人、警備員もいる。事務方の人もいる。他人の仕事には絶対手を出さないのが慣例となっているようだ。

館長代理を含めて考古局から七名が送られてきた。局には、博物館の警備、庭番、清掃などをする人は、研究所のあるチャウルカン村から採用して欲しい旨を伝えていたこともあり、その多くは発掘現場で働いていた労働者の中から採用された。発掘現場でよく働いていた労働者を博物館に渡すのは、私にとって苦渋の選択であったが、十年以上も発掘現場で作業をしていた村人に恩返しの意味も含めて採用してもらうことにした。最初は七名だった職員も、今ではなんと二十七名に膨らんでいる。

イスラエルに出稼ぎに行っていたアーデムもイスラエルから戻り、結婚をした。現在アーデムは、博物館で警備員として働いている。

第五章　博物館の活動とフィールドコース

村の子どもたちへミニ講演会

現在、アナトリア考古学研究所の発掘調査、遺跡踏査は、四月初旬から十一月初旬まで続く。最初がビュクリュカレ、つぎにカマン・カレホユック、そしてヤッスホユック、その三遺跡が終了したところで、中央アナトリアの遺跡踏査をおこなっている。月曜日から土曜日まで、毎日現場へ出かける。日曜日だけが休日となる。

この休日を使って、村の子どもたちへのミニ講演会を博物館内でおこなうことにした。というのは、プナルさん自身も赴任してきたばかりであり、何から手を付けていいのかさっぱりわからない状態でいた。毎週、日曜日の午後四時から博物館へ行っては、子どもたちに展示ケースの中の遺物を一点一点解説することで何か糸口を見出せるのではないかと思った。

最初のうちは五人前後だったのが、回を重ねるごとに参加する子どもたちが増えてきたのは嬉しいことだった。このミニ講演会をプナルさんに見てもらいながら、ゆっくりでいいから博物館として何ができるかを考えて欲しい、というのが私の願いだった。

私が話をしている時には、プナルさんはノートを片手に子どもたちと一緒に耳を傾けながらメモを取っていた。このミニ講演会は、いつの間にか子どもたちのものだけではなくなっていた。気がついてみると、村の子どもたちと一緒に、一般の来館者も数多く参加するようになっていた。これは大きな変化だった。私が話しをしたあとに、必ず子どもたちと討論会をすることにしている。その討論会には、いつの間にか多くの来館者も参加するようになった。日曜日の午後に、このミニ講演会に参加するために、わざわざアンカラからやってくるトルコの家族もあり、なかなかの盛況になったのには驚いてしまった。

少年ムラットの解説

いつもの通り日曜日の午後に考古学博物館へミニ講演会のために出かけた。八月初旬とにかく暑い日だったことだけは覚えている。いつものように博物館には多くの小・中学生が集まってきていた。すでに館内の展示ケースのそばに十数名が来ている。その時のことは、この先もおそらく忘れることはないだろう。

発掘現場でそのシーズンからチラック（丁稚）で入った、十四歳のムラットが大きな声で子どもたちに解説をしているではないか。発掘現場で私から教わったことをフルに使っての大熱弁である。私は遠くから黙ってムラットの話を聴いていた。小・中学生は、ムラットの話に引きこまれている。自分が発掘現場で見つけた土器の話をしている。発掘の仕方も話している。

「いいか、急いで掘ったらお仕舞いだ。ゆっくり、とにかくゆっくり掘ることが大事なんだ。こんな時は慌てたらだめなんだ。何か見つけた時は絶対にそれを動かさないことだ。わかるか。これがものすごく大事だといつもオオムラさんはいうんだ。写真を撮らなければならないし、見つかった場所の記録もしなければならない。それをやらないことには全く意味がないんだ」

ムラットは熱弁をふるっている。一生懸命だ。そばに私がいることにも気がついていない。それを聴きながら自分が願っていたのはこれだな、と思った。三十分ほどのムラットの解説は、私を大いに感動させた。ムラットは夕食時には毎日のように、おそらく嫌がられるほど何度も両親や、兄弟にその日発掘現場でやってきたことを話しているに違いない。

ムラットのような子どもたちが一人育ち、二人育ったときに、文化財を守る機運が自然と出てくるのではないか。法律で文化財を守る必要もある。法律なくしては守れない場合が多々ある。しかし、それでも最終的に文化財を守るのは人ではないか。それに対して発掘している我々も手伝うことが重要なことではないかと考えている。

博物館に村の女性を招く

トルコはイスラームの国である。イスラーム教が国教である他の中近東の国に比べるとかなり戒律は緩いような気がする。ただ、それでも研究所のあるチャウルカン村では、若い女性が村の中を闊歩していることは少ない。考古学博物館ができたからといって、気軽に村の女性がやってくることはまずない。ムラットが自分の家族全員を引き連れてやってくるぐらいで、なかなか気軽には来館できないようだ。

プナルさんにその件を伝えると、早速、「女性の日」を博物館として設けようと提案してきた。それはなかなかいい考えである。すぐ行動するところが、ある意味では彼女のいいところでもある。二〇一一年の四月からこのプロジェクトも本格的に動き出した。

まず、最初の講演会は私がおこない、その後はプナルさんに任せることにした。最初の講演会には、研究所のあるチャウルカン村から三十五名ほどの女性が集まってきた。土曜日の午後ということもあり、子どもたちも一緒にやってきた。講演会などに参加するというのは初めてだったに違いない。皆、席についたのはよかったのだが、緊張した顔付きは、ほとんど変わらずじまいである。なんとか笑わせようとしても表情も変えない。これにはほとほと参ってしまった。しかし、それでもこのような講演会を月に一度開いていると、徐々に聴講する女性の顔にも変化が見られるようになってきた。アンカラから講師も招いた。

一度、昼食会をかねて「女性の日」をおこなった。これは大好評だった。各自が昼食を持ち寄って講演会へやってきた。このときは講演会というより、昼食会が多くの女性を呼んだような形になった。外に出る機会がそれまであまりなかった女性にとって、昼食会などは外出する一つの切っ掛けになったのかもしれない。この「女性の日」は、研究所のあるチャウルカン村だけではなく、周辺の村にも声をかけることによって一段と活発になった。

博物館でおこなうどのプロジェクトにしても、その成否はやはり博物館の人材にかかっている。どんなに声をかけても博物館の中に、そのプロジェクトをなんとか成功させようという熱意がない限り、徒労に終わることになる。つまり、プロジェクトを進める上では、どうしても博物館の学芸員が鍵をにぎっていることは間違いない。

東アナトリアの博物館

トルコの場合、博物館の学芸員の多くは、大学の考古学科を卒業している。大学では少なくとも考古学の授業を受けてきているものの、博物館に関する授業は全く受けてきていない。大学を卒業し、文化・観光省に採用されたと同時に博物館に赴任するのであるから、カマン・カレホユック考古学博物館のようなところで、何かプロジェクトを組むということはほとんど困難である。それを無理強いしてもなんら効果的ではない。博物館の案内すらも難しい。

一度、東アナトリアの博物館を訪ねたことがあった。館長はアンカラ大学の後輩だったこともあり、話が弾んだ。館長が博物館内の遺物の修復、保存、そして管理がいかに大変かを事細かに話してくれた。聞いていると、どうも手に負えないほどの遺物が博物館に運び込まれているとのこと。それを修復したりするだけでも大変な時間を取られてしまい、どうしても通常の博物館業務がおろそかになるとのことだった。

収蔵庫を見せてもらったが、遺物の量たるや半端なものではなかった。これを修復し、保存するとなると大変な労力であり、学芸員がかなり専門的な知識、技術を持ち合わせていない限り、博物館にはかなりの負担になるだろうなと内心思った。

その時からだろうか。私の気持ちのなかに、将来的にトルコの博物館に対して何かお手伝いできないかと考えるようになった。その背景には、私がアンカラ大学で学んだことにも起因しているのかもしれない。留学当時、机を並べた仲間の多くが文化・観光省に就職し、彼らの多くは地方博物館の館長、学芸員になっていること、学会、シンポジウムなどで彼らとしょっちゅう顔を合わせる機会があったことなどがある。彼らと話していると博物館の問題点を素直に話してくれることが多い。これは私を他の国の人間というより、自分たちの仲間だと思っていてくれている証しであり、何より嬉しいことだった。

博物館学フィールドコース

二〇一一年に第一回目の博物館学フィールドコースを開いたが、私が期待したように地方博物館の学芸員が数多く参加した。二〇一一年から二〇一三年まで、カマン・カレホユック考古学博物館の展示をおこなった永金文宏さんに講師をお願いした。初めのうちは考古局もこの博物館学フィールドコースに対してお手並み拝見といった姿勢だったが、次年度からは本腰を入れ始めてくれたことは何よりだった。

このコースは、二〇一二年〜二〇一七年とおこなっており、展示の他に遺物の修復、保存、管理の仕方などもカリキュラムの中に組み込んできている。ただ、一つ大きな問題は、参加希望者が数十人の単位ではなく数百人の単位になっていることである。

これはカマン・カレホユック考古学博物館が完成し、多くの学芸員が来館したことにより、カマン・カレホユック考古学博物館、アナトリア考古学研究所にさえ行けば、なんらかの新しい試みに触れることができる、体験できると思われている節がある。

博物館学フィールドコース（2011 年）

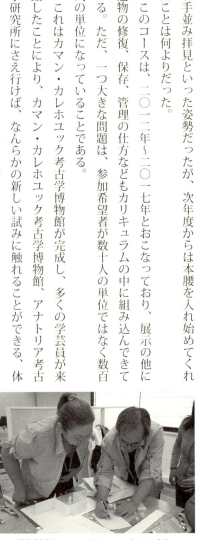

多くの希望者をすべて受け入れるだけの施設があればいいのだが、それは物理的に無理である。今の研究所の受け入れ能力は精々一度に十五人程度である。現在、この博物館フィールドコースでは、それほどのことをしているわけではない。博物館に納められる遺物の修復、保存、管理、展示などについて基本的なことを話しているにすぎないが、長期間にわたってこの博物館学フィールドコースをおこないたいと思っている。

労働者が発掘現場で授業をする

発掘現場での労働者への授業プロジェクトも、かれこれ二十年は続いている。これも最終的には出土した遺物、発掘調査をおこなっている遺跡は、法律上では文化・観光省の考古局が中心となって守ることになっている。ただ、それを最終的に守るのは、地元の人々である。カマン・カレホユック考古学博物館に勤めている多くの館員は、長年、発掘現場で調査に従事していた村人である。彼らの理解がなくてはなかなか遺物、遺跡は守ることはできないのではないかと思う。そのようなこともあり、カマン・カレホユックの発掘現場では、労働者への授業、あるいは彼らが独自におこなう授業に力を注いできた。

彼らの授業は、発掘期間中の土曜日の十二時からおこなっている。その前に発掘現場の休憩所で私が短い授業をおこなった後に、労働者主体の授業が始まる。これはかなりの効果がある。

土曜日の現場での授業

労働者主体の授業

一つの発掘区にはウスタがいるし、カルファもいる、そしてチラック。全部で十人前後の労働者がいる。だれが説明するかはウスタが決めることもあるし、仲間同士で決めることもある。順番が回ってくると、カルファだろうが、チラックだろうが大変である。午前中はウスタから話し方の順序や問題点などを丁寧に教わる。それをメモにとり、そのメモを見ながら、何度も練習をする。ウスタがそばで間違っているところがあれば直してやる。労働者、そして村からの子どもたちを含めると百人近くになることもある。彼らの前で話すとなるとかなり緊張するようだ。緊張のあまり声が震えてなかなかうまく話せない子もいる。そんなときは、そばにいるウスタが手助けする。

いつも感動することだが、その授業を上手くこなすと、カルファにしろ、チラックにしろ、見違えるほど元気になるし、自信がつくようだ。それを見ているだけで、こちらのほうが嬉しくなってしまう。それと同時に、授業をおこなった労働者が俄然、発掘に興味を持ち始めてくれることだ。これには驚いてしまう。先頭切って現場で懸命に発掘しているのを見ると、こんなに変わるものかと思うことがしばしばある。

上手くできた子には、終わったあとに、「うまかったよ」と声をかける。自信を失う子もいる。その場合は、「もう一度チャンスがあるから、それまで一所懸命勉強するんだよ」と声をかけることにしている。どの子もそうである。声をかけることが一番大切であることも、この授業を通して私が教わったことである。

第六章　今後のアナトリア考古学研究所とカマン・カレホユック考古学博物館

三十二年の歳月が過ぎていた

一九八五年にカマン・カレホユックの予備調査を開始し、一九八六年に本格的な発掘調査に入り、現在にいたっていることは既述したとおりである。また、ヤッスホユック、ビュクリュカレ遺跡の発掘調査も二〇〇九年から開始し、二〇一七年で、いずれの遺跡も第九次調査を迎えている。一九九八年から二〇一〇年までの十二年間は、研究所と博物館建設にほとんどの時間を費やしていたようなものである。

カマン・カレホユックの事前調査で遺跡を訪ねたときからを考えると、いつのまにか三十二年の歳月が過ぎていた。正直なところ、まさかここまで継続して発掘調査ができるとは思ってもいなかった。一九八七年頃は、発掘調査も長くても数年で終わるのかなと思っていた。ここまで長期間、発掘調査、研究所の運営、博物館建設に関わることができただけでも感謝しなければならない。

一九九〇年に最初にカマン・カレホユックにお成りになってから二十年、寛仁親王殿下が研究所、博物館の建設にここまで深く関わってくださるとはまったく予想もしなかった。二〇〇三年、研究所の基礎工事が終わったところで写真におさめ、寛仁親王殿下にご覧いただいた。写真をご覧になりながら本当に喜んで下さった。

「なかなか素晴らしいものができそうだね。もう完成したようなものだね」

それは昨日のことのようである。

二〇一〇年の「トルコにおける日本年」で寛仁親王殿下がカマン・カレホユック考古学博物館の落成式にお成りになった。トルコをお発ちになる際、イスタンブルのアタテュルク空港で、「博物館も完成し、これで一区切りがついたし、あとは研究所の運営と後継者の問題だね」とおっしゃったことを忘れることができない。そして、同時にどうしようもない不安にかられたことを覚えている。

寛仁親王殿下が薨去されたことを、二〇一二年、六月六日、私はカマンからアンカラへバスで向かう途中、電話連絡で初めて知った。午前十時だった。二〇一一年、十二月三十一日にお会いしたのが最期だった。

建設工事で苦境に陥ったときに、何度、殿下のお力をお借りしたことか。トルコではこんな諺がある。

「どれだけお礼をしてもお礼しきれるものではない」

まさしくそんな心境である。

いかに人材を養成するか

考古学の発掘調査は学術研究の一環である。発掘調査、研究費は四苦八苦しても研究者が集めるべきである。出土遺物、遺構の研究は、もちろんのこと研究者の仕事である。よく考えてみると、このどちらもおこなうことができれば、研究をやっている者にとってこれほど幸せなことはない。

海外調査を日本の研究機関がおこなう上では、日本では学術振興会が助成してくれる制度がある。これで多くの海外調査はおこなわれているし、成果をあげていることは周知の事実である。カマン・カレホユック発掘調査は、学術振興会をはじめとして多くの財団、企業からの助成を受けてここまで継続しておこなうことができたのではないかと思う。

しかし、私がおこなってきているトルコに帰属した博物館活動には容易に費用が出るわけではない。むしろかなり難しいといった方がいい。発掘調査であれば研究成果を発表できるし、それなりの評価をうけることもできる。とはいっても、その発掘調査も継続させることは容易なことでない。日本の海外の学術調査の多くは、大学が主体である。その大学の研究機関ですら数十年を超す長期間の発掘調査となると極めて難しいといわざるをえない。発掘調査の主目的を完遂するために、どのような順序で作業を進めるかを決めるのは、研究者の重要な役目といえる。

カマン・カレホユックの調査目的は、「文化編年の構築」であることは既述したとおりである。これは考古学研究には絶対欠かすことのできないもので、基本中の基本である。これに関してはだれもが認めることであろう。ただ、これをおこなう上では、多くの時間、費用、そして人材が必要である。

「文化編年の構築」なるテーマを掲げたときの気持ちを思い出すと、今もって身震いするほどである。途方もない時間がかかることもわかっていた。ましてや費用をどうするかとなるとこれまた大問題である。アドバイスをしてくださった中近東考古学の研究者の言葉、「欧米が作り上げたものを使いながら研究する方が手っ取り早い」に一時は大きく傾きかけたことがあった。

少なくともアナトリアで発掘調査をおこなっていると、欧米が構築した「文化編年」の誤差、ズレに気づいてしまう。それに気づいていながら、彼らのあとを追うことに対して私が納得することができなかっただけである。できないことは、それはそれでいい、ただそれではどうするかであった。それを一九七〇年代から一九八〇年代にかけて真剣に考えた。

大学であれば学生が次々と入学してくる。その中から若手研究者が生まれてくる。そして後継者も当然のこととして生まれてくる。しかし、カマン・カレホユック発掘調査はそうはいかない。学生が入ってくるのを待ちたいところだが、日本の学生に気軽に声をかけることはできない。アナトリアの考古学をやってみたいと思っても、学生がカマンへ気軽に出かけるにはあまりにも遠い世界である。

一九九三年、ハーバード大学のR・メドー教授がカマン・カレホユック発掘調査で出土した獣骨の研究でキャンプに入ってきた。これが一つの切っ掛けとなった。メドー教授は、一カ月間、アジア、欧米、中近東の学生を集めて獣骨に関する動物考古学フィールドコースを開いてくださった。早朝六時から夕方までびっしりと組んだカリキュラムで授業をおこなった。授業はもちろん英語である。その後、受講した学生の中から獣骨の専門家が数名出てきており、中には大学で教壇に立っている者もいる。

R.メドー教授の授業

考古学フィールドコース

この授業を参観しながら、私が考えたのは考古学フィールドコースであった。このようなクラスを開いたことにより、次世代を担うような若手研究者が出てくるのではないかと思っている。そして村の子どもたちからも将来的に考古学に進む者も出てくるのではないかと期待している。

発掘調査を継続するとは

私はこれまで数多くの発掘現場をこなしてきた。ただ、一度も足を踏み入れられなかった発掘現場が、ヒッタイト帝国の都ボアズキョイである。一九七二年に初めてアナトリアに入ってから何度も訪ねている遺跡である。

一九七四年の八月の猛烈に暑い日だったことは覚えている。日曜日の午後にボアズキョイを訪ねた。その頃はバスでアンカラからサムスン、トラブゾンなど黒海の町行きのバスに乗り込み、ボアズキョイの北西約二十五キロにあるスングルルの街道沿いの町で下り、そこからドルムシュ（出発時間は満席にならないと出発しないため定刻どおりとは限らない。ドルムシュの車種はタクシーの場合もあるし、ミニバスのときもある）でボアズキョイに入った。

アンカラから黒海まで通っている国道はアスファルトで舗装されていることもあり快適にいけるが、街道からボアズキョイまで当時は未舗装の道だった。現在では、ボアズキョイが「世界遺産」に登録されたこともあり、道は吃驚《びっくり》するほど素晴らしくなっており、観光客で賑わっている。しかし、当時はまったく違っていた。アンカラから朝八時のバスに乗り込み、スングルルまでたどり着くのが十時前後、そこでボアズキョイ行きの満席間近のドルムシュがなく、二時間以上待ったことを覚えている。スングルルのヒティットホテルで昼食をとりながらドルムシュが満席になるのを待ち続けたものである。なんとかドルムシュが動いたのはいいが、途中でお客を乗せたり降ろしたりがあり、ボアズキョイに着いたときは一時をゆうに回っていたものだ。村の真ん中には、小さな広場があり、奥にチャイハネがあった。そこで一休みをしたのちに、私は村のはずれにあるヒッタイト帝国時代の神殿に向かった。とにかく暑くて、何もかもが真夏の強い陽射しでからからに乾涸《ひから》びているように感じた。神殿は巨石で頑強に築かれたもので、石畳は強い陽射しで真っ白く見えた。

その神殿のほぼ中央部に、ステッキをもった長身の男性が、そばにいる半ズボン姿で上半身は裸の男性と立ち話をしているのが見えた。そこにはだれをも近づけないような雰囲気があった。あとで神殿の見張りをしている警備員から教わったが、ステッキをもっていたのがボアズキョイ発掘調査の第三代目の隊長であるK・ビッテル教授で、そばにいたのが、第四代目の隊長のP・ネーヴェ博士だった。ビッテル教授の風貌には、どこか恐さもあった。また、ネーヴェ博士にも少なくともビッテル教授にどことなく似たところがあった。お二人には、その後の学会、シンポジウムなどでお会いする機会が多々あったが、近づいて会話を交わすだけでも緊張したものである。

一九七四年に、立ち話をする姿をお見かけしたときは、言葉では言い表せない感動を覚えた。一九〇六年にボアズキョイは本格的な発掘調査に入り、第二次世界大戦の際には一時発掘も中止はしたものの、とにかく発掘調査は連綿と続いているし、現在でも発掘調査は途切れることなく続けられている。

「国家百年の計」なる言葉はある。ボアズキョイの発掘調査は、二〇一六年には一一〇年目を迎えたことになる。第一次世界大戦、第二次世界大戦と大きな出来事があっても、ボアズキョイの発掘調査は途絶えることなく進んでいる。数年前には、ボアズキョイ発掘調査がトルコの考古局と出土遺物の件でトラブルになり、一時調査許可が下りなかったことがある。それでも彼らは淡々と遺物の整理、報告書の作成をおこなっていた。

ビッテル教授、そしてネーヴェ博士、そして今も脈々とその伝統は第六代目のアンドレアス教授にまで引き継がれている。おそらく今後百年も二百年も続いていくのであろう。このエネルギーは一体何なのか。言語学的にはヒッタイト語とドイツ語が結びつくが、それだけで長期間の発掘調査を続けることはできるのだろうか。日本でいう「費用対効果」をボアズキョイの発掘調査に照らし合わせると、どうなるのだろうか。おそらくまったく費用に対する効果などはないのではないか。彼らは発掘調査を通して打ち立てる理論を駆使しながら歴史を論じることが多々ある。それはヒッタイトだけに止まらず、多くの文化層から得た資料をもとに淡々と語る。単にアナトリアにだけ限定されることなく、アンドレアス教授などは、中近東世界、ヨーロッパ世界、そしてユーラシア世界をも含めて滔々と話し続け、現代をも語る姿にはただ感動するばかりである。

ドイツの研究者が、最近ではアナトリア考古学研究所をよく訪ねてくる。彼らにいわせるとドイツはすっかり変わったという。昔はドイツのいくつかの大学にヒッタイト学科があったのだが、今ではヒッタイト学科というもの自体が存在しないのだという。もうヒッタイト学に魅力を感じなくなったのかは定かではない。

このボアズキョイの発掘調査、研究に対する姿勢はアナトリア考古学研究所構想を立てる上で、一つの大きな手がかりになった。そのなかでも発掘調査を継続していく姿勢には大いに影響を受けた。なぜこのようなことができるのだろうか。なぜドイツという国がおこなうことができるのだろうか。その背景とは一体何か。それをつねに考えながら発掘現場に立っていたようなものである。

継続しなければ見えないものがある

カマン・カレホユック発掘調査を開始するにあたって、「文化編年の構築」という主目的に対してオズギュッチ先生は支持してくださった。これが数年で終わるわけではなく、かなりの年数の必要なこともわかった上でのことだったに違いない。この主目的は一研究者の作業ではないことを、オズギュッチ先生は十分にご存知だったはずである。それでもなおかつそれを進めさせようとした背景には、この「文化編年の構築」が今後アナトリアで調査、研究をおこなう上で必要不可欠なものであることを知っていたからかもしれない。

既述したことではあるが、考古学の発掘調査には膨大な時間が必要である。それと同時に費用がかかる。よく訊ねられることがある。一シーズンでどのくらい費用がかかりますか、と。これには本当のところ答えようがない。

いくら費用があってもなかなか上手くいくものではないが、カマン・カレホユック発掘調査を例としてあげると、だいたい一シーズンに少なくとも二千万円はかかる。これは発掘費用だけである。そのうえ交通費、保険、雑費なども含めると三千万円は優にかかることになる。さらに出土した遺物の整理、実測、撮影をするとなると、発掘期間以外のこともきっちり計算しておく必要がある。これを一年だけではない。数十年続けるとなるとどうしても躊躇してしまうのは当然であるし、その調査目的をなぜ日本が遂行しなければならないのかと思う研究者も出てきて当然である。私もこの目的を掲げたときに、日本の研究者から「ご苦労なことですね」といわれたものである。

考古学を研究する上では、明らかに一つの基準が必要である。それを簡潔に説明するとなると、つぎのようなことである。例えば一つの遺物が出土するとする。それも出土地点もきっちりしている。発掘に関わっている者であれば、出土地点、つまり層序を一つの基準としていつの時代に年代づけられるとするのが一般的である。ただ、それを確実にする上で、必ず他の遺跡の層序や遺物と比較する。つまり、安定した発掘調査をおこなっている遺跡の基準を使うのは当然のことである。これは考古学の研究では基本である。つまり、安定した「文化編年」なくしては発掘調査で出土してきた遺物の年代を考察することは容易ではない。

アナトリアで長期間発掘調査に関わってきて一番苦労を重ねてきたのは、安定した「文化編年」を作り上げることであった。じっくりと時間をかけて層序を中心とする「文化編年」を構築している遺跡が、極めて少なかったのである。とくに、前二千年紀初頭以降、つまりアナトリアが「歴史時代」に入った以降の調査は、どうしても「文献資料」、つまり文字資料に頼ろうとする傾向が強い。これは何も悪いことではない。当然といえば当然である。しかし、あまりにも文字資料に頼りすぎると、他の出土遺物に目が向かなくなるときが多々ある。これは発掘調査をしている者なら最も気を付けなければならないことである。往々にして発掘調査をおこなっている者は、文字資料に頼り切ってしまうことがある。

このように「文化編年の構築」について述べると、何か極めて無味乾燥なことを延々とするのが考古学の基本のように思われるかもしれない。しかし、考古学の発掘調査は、なんら「発見物語」ではない。当時を復元しつつ、層序を一つの基準としながら文化がなぜ終焉を迎えるのか、なぜ文明が終焉を迎えるのかを考察することであり、「文化編年の構築」をおこないながら、文化、文明、国家、民族の変遷の背景を探ることであり、そして、それらを使いながら現代をも語ることである。

「発見物語ではない」と記したが、発掘調査をおこなっている際に、極めて興味深い遺物に出会うことがある。それはそれで楽しいことだ。それをなんら否定するものではないし、そのときの喜びは、発掘調査の醍醐味の一つといえよう。

ドイツのボアズキョイの発掘調査を通して学んだことは、今もなおアナトリア考古学研究所の所是の一つとしている。継続することがいかに難しいことか、発掘調査をおこなえばおこなうほど、ドイツ、そして長期間アナトリアで発掘調査をおこなっている欧米の研究機関に対して、尊敬とそして彼らへの憧憬の気持ちは増すことはあっても薄れることはない。

どの遺物も何かを話そうとしている

発掘調査で出土する遺物は多岐にわたる。カマン・カレホユックからは無数の遺物と建築遺構が出土する。とくに、この遺跡は東西、南北を走っている道の北東部分に位置していることもあり、遺物から東西、南北から入ってきた文化を読みとることができる。出土した遺物は、その量たるや驚愕すべきものであることは既述した通りである。報告書、論文、最終報告書を記述するにはできるだけ多くの出土資料を用いるにしても、全出土遺物の数パーセントしか使っていないことになる。他の遺物はどうなるのか。廃棄処分にでもするのか。

これに関しては随分考えた。理想はすべての出土遺物を取り上げることであり、それを研究に使うことである。しかし、私が参加してきた多くの発掘調査では、報告書に使うための資料を抽出し、他の遺物のすべては廃棄していた。廃棄とは捨てることである。遺跡のそばに坑を掘り、そこに捨てる。少なくともこれは後世に混乱をきたさないようにするために、その場所には廃棄したことを明らかにする印をつけるのが一つの習わしになっている。

これは発掘調査に関わっているほとんどの研究機関がおこなっていることで、遺跡からいかに多くの遺物が顔を出すかを物語っているようなものである。それに関わる研究者が参加しているからといって、それで首尾よく進むとはいえない。

研究とは、ある意味では資料の取捨選択から始まるともいえる。それを間違うと、得てして迷路に迷い込むことになる。一つの理論を打ち立てるためには、資料を整理し、選別することが極めて重要であろう。これには私も賛同する。ただ、取捨選択されたあとで使われなかった遺物はどうなるのか。坑の中へそのまま捨てられてしまうのか。一度坑に捨てられた遺物をもう一度掘り返し、研究資料として取り上げたという話は一度も聞いたことはない。捨てられればそれで終わりと考えたほうがいい。廃棄されるどの土器片にも出土場所、層位をつけておくのであれば別であるが。

文字資料であれば解読されたと同時にいろいろな情報を提供してくれる。その情報を基に出土した建築遺構、あるいは層序の時代を復元する上では、重要な意味をもっている。誰もが欲する資料であることは間違いない。しかし、坑の中に捨てられるような土器片を層序ごとに並べた場合はどうだろうか。発掘された順序に並べた場合はどうだろうか。一個の土器片なら何一つ語ることがなくとも、順序よく並べたときに土器片のほうから語りだすことはないだろうか。これはカマン・カレホユックの発掘調査をおこないながら、遺物から教わったことである。出土した順に毎日遺物を並べていくと、明らかにわれわれに語りだす瞬間がある。これは研究者の姿勢にもよるが、まったく無表情だった「もの言わぬ土器片」が何かを語りだす瞬間ほど、感動的なものはない。

並べないと文化の流れがわからない

土器片を毎日発掘した順に並べていくと、そこには僅かずつであるが変化が見えてくる。その変化は、文化の変遷を把握する上では極めて重要である。前期鉄器時代とは、前二千年紀末から前一千年紀の第一四半期に年代づけられる。ちょうど、「鉄と軽戦車」を駆使しながら古代中近東世界でエジプトと覇権争いをしていたヒッタイト帝国が、前一一九〇年頃崩壊したのち、アナトリアは「歴史も文化もとるに足りない暗黒時代」を迎えたといわれた時代である。

つまり、帝国崩壊以降のアナトリアにはこれといって文化が存在しなかったし、粗末な建築遺構が見つかっているぐらい、と多くの研究者は述べていたに過ぎなかった。

カマン・カレホユックの発掘調査で、この「暗黒時代」解決の糸口を見つけることができたのは、すべての遺物を廃棄することなく取り上げた結果だったと思っている。一つの土器片では何一つ語ってくれないときのほうが多い。じっと研究者の前で無言を通す。しかし、無言でも層序ごとに土器片を並べた時に、それらが一気に語りだす瞬間をキャンプで何度か体験した。これは私にとっては掛け替えのないものだった。

考古学の発掘調査をおこなう者にとって、出土遺物には大きく分けて二つのグループがある。一つは、即座に報告し、論文に使用できる遺物である。そしてもう一つはだれも手に取らないような遺物である。どちらかというと、第二のグループの方がほとんどである。これらを生かすには、遺物を洗う場所、乾燥させる場所、それを整理する場所、そして保管する場所が必要となる。そして、これらの作業をおこなう数多くの労働者が必要となる。彼らがいないことには、まったく作業は進まない。整理したものを保管するとなると、相当の時間が必要である。これらの作業をスムーズにするには、短期間の発掘調査でキャンプとして借りた場所では不可能である。継続性をもった体制づくりをしないことには、作業がどこかで滞ってしまう。

アナトリア考古学研究所をどうしても発掘現場のそばに建設しようとした背景には、このような事情があった。

遺物箱を乾燥させ並べる

博物館の将来像

アナトリア考古学研究所で修復、保存、実測、撮影をした遺物は、研究所の側にあるカマン・カレホユック考古学博物館へ納めている。そして展示に回されることになる。博物館は、日本の一般文化無償協力で建設されたものであり、現在はトルコの文化・観光省の管轄である。

時々、博物館から相談がある。パネル原稿を書いたが、これでいいだろうか、展示に昨年出土したものを出したいが、など。ほぼ毎日のように電話がかかってくる。すでにトルコ側に博物館は渡っているのであるから、できるだけ彼らの方針を尊重している。何かがあれば手助けするぐらいである。週に一度は博物館長を訪ね、何かお手伝いすることはないかと尋ねたりすることもあるが、それも最近ではやらないようにしている。

博物館では、以前、カマン・カレホユック発掘調査で働いた経験のある者を採用しているようだ。その採用にもまったく関わることはないが、文化・観光省のカマン・カレホユック考古学博物館の採用方針として、現地の人材に重きを置くようになってきたことは嬉しいことである。

日本でもそうであるが、トルコでも博物館の展示替えはなかなか難しい。一度展示すると展示替えをしないところが多い。大幅な展示替えとなると、本省の許可が必要となるし、新収蔵品の展示ともなるとそれまで展示されていた遺物の移動が大仕事になる。それと新収蔵品を公開するとなると、どうしても展示ケースが必要となる。その製作費用をどうするかで、数年かけて討論をする場合もあるし、ほとんどができないままになることも多い。つまり、簡単にいえば、博物館長が本省とかけあって予算取りをしなければなかなかことは運ばない。このような問題はどこの博物館にもある。何もカマン・カレホユック考古学博物館に限ったことではない。

この七年間、カマン・カレホユック考古学博物館と一緒に作業をおこなってきたが、博物館の将来像をきっちりして置かなければならないと考えている。確かに、カマン・カレホユック考古学博物館建設の構想を打ち出したのは、アナトリア考古学研究所だった。その構想にトルコの文化・観光省も乗って、彼らの努力によって具体化された。ただ、これまで博物館内でおこなってきたことをまとめてみると、どれ一つとってても目新しいものはない。強いていえば毎週おこなっているミニ講演会のようなものや、女性を対象とする講演会などかもしれない。しかし、それはそれで今後とも継続しておこなっていく必要はあるし、博物館を通して発掘調査の結果を社会へ還元していく必要があろう。

子どもたちとともに

最近では、アンカラ、イスタンブルなどから多くの子どもたちが博物館へやってくるようになった。これは新しい傾向である。この子どもたちへ博物館として何かをしてあげられることはないだろうか。

アンカラにあるイギリスの小学校の子どもたち二十八人が二人の先生に引率されてバスでやってきたことがあった。二人の女性の先生と子どもたちは、午前中から夕方遅くまで博物館、三笠宮記念庭園、そしてアナトリア考古学研究所で十分に遊んでいった。一番驚いたのは庭園で滝の音を聴きながら、二十八人の子供たちが日本の俳句を作っていることだった。

昼食は、発掘調査をしている研究者と一緒にとった。子どもたちから矢継ぎ早にいろいろな質問がでてきた。

「黄金はみつけたの」

「ミイラは出てくるの」

「一緒に発掘をしたい」

「ここには泊まれないの」

彼らの質問はまったく途切れることはなかった。その中の一人の男の子が、面白いことを言った。

その質問をした子は小学三年生だという。父親はイギリス大使館に勤めているとのことだった。なるほどと思った。彼らを研究所でもいい、博物館でもいい、一度泊めてみたらどうだろうか。三笠宮記念庭園には、早朝から夕方までいろいろな小鳥が飛来してきては戯れている。夕方になるとフクロウが飛んでくる。夜には庭園を夜光虫が飛び交う。研究所では、夜も人骨、獣骨の研究者が作業を続けている。その中に彼らを入れたならどれだけ喜ぶことだろうか。三〇分ほどでもいい。研究者から話を聞くのも楽しいことではないか。

これは間違いなく博物館にとっても、研究所にとっても大きな負担になるかもしれない。ましてや限られた時間で研究所にきている研究者にとっては、ある意味では迷惑なことなのかもしれない。だから、ここでは一つのルールを決めておかなければならない。少なくとも多少なりとも時間に余裕があり、子どもたちと接することが楽しい研究者にお願いする以外ない。博物館でもそうである。

この背景にあるのは、社会のなかでの研究所、博物館の在り方と深く結びついているのではないかと思うし、アナトリア考古学研究所のような施設は、次世代を養成する義務があるのではないかと強く感じている。この研究所や博物館の施設を子どもたちに少しでも提供できないかと考えている。おそらく多くの研究者からの賛同を得ることは難しいに違いない。このようなプロジェクト

アナトリア考古学研究所

から即座に結果が出てくるとは思ってもいない。

でも、私はそれをおこなうだけの価値はあるものと思っている。アナトリア考古学研究所、カマン・カレホユック考古学博物館の世界の中に子どもたちを受け入れ、考古学、博物館、庭園、そして発掘といったものに十分に浸ってもらうのも楽しいことではないかと思う。研究者は、発掘調査、研究、文化財保存を進めていくことは当然であろう。その研究者が次世代の子どもたちへ一時でも目を向けることもできたら、どれだけ素晴らしいことか、と常々思っている。

私を考古学の道に導いてくれたのは父であった。八歳の時に発掘の話しをしてくれた。そして発掘現場にも連れて行ってくれた。それが私にとっての考古学の第一歩となった。その役割りを、私が次世代の子供たちに果たすことができたならと思っている。

あとがき

本書の多くは、日本トルコ協会の季刊誌である『アナトリアニュース』で「アナトリア考古学研究所からの報告」として二十回近く発表させていただいたものであり、それらを書き直し、加筆したものである。整合性のない箇所が多々あるものと思われるが、お許し願えれば幸いである。『アナトリアニュース』に執筆させていただく機会を与えて下さった日本トルコ協会に深謝するとともに、同協会のこれまでの事務局長の方々、大曲祐子さんには大変お世話になった。ここに改めてお礼を申し上げる。

一九八五年以来、私が追い求めてきたものは、発掘者として研究成果は当然のことであるが、それと同時に古代中近東の研究、とくにその基盤ともなっている考古学の発掘調査を今後どのような形で社会に対して還元するかであった。自然科学ではその点が極めて鮮明になっているが、私がおこなってきた考古学の発掘調査は得てして自己満足的なところが多々あるような気がしてならない。端的に言えば考古学とは対社会に対して何ができるのか、という問いには真正面から答えていないような気がしてならない。

それを脱皮することを目的として、最終的にたどり着いたのがアナトリア考古学研究所の現地での設立だった。欧米から学ばなければならないことは、当然のこととしていくらでもある。トルコの研究者から教わらなければならないことも数え切れないほどある。彼らが蓄積してきたものを無視して、自分たちで新たなるものを築き上げようなどと大それた考えなど毛頭ない。彼らに今後も教えを乞いながら進めていかなければならないと思っている。

考古学研究の理想は、多くの研究者が追い求めきたといえよう。中近東の考古学研究を推し進めてきたのは、十八世紀末から中近東世界と密接な関わりを持ち続けた欧米であったし、今日もその流れで研究は続いている。

アナトリア考古学の研究に究極の理想はないと思う。しかし、現段階での理想を強いてあげるとすれば、私はつぎのように考えている。発掘現場である遺跡、研究所、そして研究成果を発表することのできる博物館を一体化させることではないかと考えている。遺物の管理はトルコの博物館がおこなうのは当然であるが、遺物を徹底的に研究できるシステムを研究所と博物館のあいだで構築することは極めて重要であり、それができなければ研究所を設置する意味もなくなってしまう。

博物館は研究成果を公開する場でもある。これについては発掘調査に関わっている研究者がおこなうべきだと考えている。それと同時に、この博物館を通しておこなわなければならないことは、考古学の社会への還元、それには学芸員、研究員が深く関わる必要があると考えている。

考古学を生業にしている私は、自己の世界から他の世界を見ようとはしない傾向があった。カマン・カレホユックの北区の中から飛び出して周辺地域の遺跡との比較、中近東世界の中でのカマン・カレホユックの位置付け、そしてユーラシア大陸の中での位置付けなどはつい最近になってから気が付いたことである。あまりにも遅かったことに猛省をしている。そのような反省の基にアナトリア考古学研究所構想を推し進めてきたと言えよう。

発掘現場の遺跡、研究所、博物館が一体化し、考古学研究を進めることができたらどれだけ素晴らしいことかと思うが、これが最善のシステムかどうかについては、今のところまだ解答が出ているわけではない。ただ、一つ言えることがあるとすれば、このシステムを構築することによって欧米がこれまで築き上げてきた中近東考古学研究から脱皮できるのではないかということである。これが成功するか否かは、正直なところ、全くわからない。欧米のシステムの中から外れて一歩踏み出したのはいいが、先行きはまだ見えていない。

この三十二年間でなんとかここまでたどり着くことができたのは、三笠宮崇仁親王殿下、寛仁親王殿下、そして発掘開始当時から今日まで応援して下さっている出光美術館館長で出光興産出光昭介名誉会長のお陰である。われわれ研究者だけでは、おそらく間違いなく数年で頓挫したに違いない。また、カマン・カレホユック、ヤッスホユック、そしてビュクリュカレの発掘調査をつねに応援してくださったオズギュッチ先生、ニメット先生、ムスタファ・アービ、その弟のメフメット、ウスタであるズィンヌリ・

チョル、サーリヒ・チョル、ゲンジャイ・チョル、カディル・セヴィンディル、チェティン・ヘルヴァジュ、エルチン・バシュ君らがいたことで、なんとかここまで歩んでくることができたのではないかと思っている。ウスタである彼らは十代半ばの時に私のところにやってきたが、彼らも四十代半ばになっている。そして現地で発掘作業、整理作業に従事してくれているチャウルカン村の多くの村民には感謝の気持ちで一杯である。

また、これらのプロジェクトを推し進める上では、妻でありヤッスホユック調査隊長の大村正子、ビュクリュカレ調査隊長の松村公仁君、そして東京で留守部隊として何から何までをこなしてくれている吉田知子さん、発掘調査の準備、器材の調達、現地への発送、そして発掘調査期間中隊員の面倒を見てくれている師田清子さんには感謝している。彼らが常に支えてくれたことでここまでたどり着くことができたと思っている。そして、(公財)中近東文化センターの事務局にはこれまで大変お世話になった。厚くお礼を延べたい。

そして、これらの体制を今後運営することがもっとも重要なことではないかと痛感している。それには多くのサポートがなければむずかしい。二〇〇五年、九月三十日、アナトリア考古学研究所の落成式の後に、寛仁親王殿下とお話しする機会をいただいた。

「研究所の建物はなんとかできたが、これをどうやってスムーズに運営するかが問題だね」

殿下がおっしゃった通りである。

「トルコにおける財団を設立し、それを基盤にしながら進めることができればと考えております」

財団設立は、トルコの情勢を考えると容易でないことは十分に分っていたが、私はそう答えてしまった。研究所として、多くのトルコの若手研究者を養成してきているが、今後は日本からだけではなくトルコからの支援もこれからは重要ではないかと考え、トルコの法律に則り財団の設立を考えた。

二〇一〇年、八月から財団の設立に奔走したが、これまで順調に進んだとは決していえない。何度も頓挫しそうになった。発掘調査をおこないながらの財団設立は、すべてが初めての体験だった。どれだけ多くの方々にご迷惑をかけてきたかはわからない。何をどのように進めていけば最終ゴールに到達できるかがどうしても見えなかった。

財団名を決める上でも一苦労してしまった。二〇一六年、宮内庁から財団名に三笠宮のお名前を借用することを認めていただき、はじめて財団設立は動き出した。二〇一〇年から二〇一五年まで、財団の定款の条項を一つ一つ作成しながらいつでも申請できる準備を整えていた。その五年間に、トルコ政府の財団局を何度も訪ねて申請までの手順を教えていただいた。定款は、おそらく十回以上は見ていただいたのではないだろうか。そして、二〇一六年の十一月に財団局へ「三笠宮記念財団」の認可申請をおこなうことができた。幸いなことに、二〇一七年、三月七日にトルコ側から財団設立許可をいただいた。

考えてみれば、二〇一〇年の七月に研究所、三笠宮記念庭園などを運営して行く上で財団を設立します、といとも容易に寬仁親王殿下にお伝えしてから、なんと七年もたっていた。二〇一七年、五月三十一日には、アンカラで第一回三笠宮記念財団理事会の開催に漕ぎつけることができた。アナトリア高原でやっと産声をあげたところである。

この財団がこれまで作り上げてきた研究所の体制をどこまでサポートできるかは、まだ未知数であるものの、とにかく一歩でも前へ進まなければならないと思っている。

十八年前、発掘調査、研究所構想が上手く行かず、先がなかなか見えなくなった時があった。当時の遠山敦子大使がトルコを離任される前に今泉柔剛文化担当官とカマンにお出でになった。大分寒い日だったことだけは記憶している。その際にプレハブのサロンで大使がお話しして下さった言葉を決して忘れることはない。

「焦らず一つのことを諦めずにやっていると、いつの日か認められる日がきますよ」

これほどの励ましは私にはなかった。

二〇一七年、十一月三日　初冬を迎えたアナトリア考古学研究所にて

大村　幸弘

著者紹介

大村　幸弘（おおむら　さちひろ）

1946年、岩手県、盛岡市生まれ。早稲田大学第一文学部卒業。トルコ共和国アンカラ大学言語・歴史・地理学部中近東考古学科博士課程修了。72年以来、トルコの発掘調査に従事。コルジュテペ、コンヤ・カラホユック、アンジョズ遺跡では、ヒッタイト、アッシリア商人の文化層を調査。85年からはトルコ中央部のカマン・カレホユック遺跡発掘調査を指揮し、古代中近東世界でこれまで未解明と言われてきた「暗黒時代」、「鉄器時代」の開始時期等の解明に貢献している。現在、（公財）中近東文化センター附属アナトリア考古学研究所長。

主著に『鉄を生みだした帝国―ヒッタイト発掘』（日本放送出版協会、1981年、第三回講談社ノンフィクション賞）、『カッパドキア』（集英社、2001年）、『アナトリア発掘記―カマン・カレホユック遺跡の二十年』（日本放送出版協会、2004年、第二回パピルス賞）、『トロイアの真実』（山川出版社、2014年）など。

アナトリアの風
――考古学と国際貢献

発行日　2018年3月20日

著　者　大村幸弘

発行者　大石昌孝

発行所　有限会社リトン
101-0061　東京都千代田区神田三崎町2-9-5-402
TEL 03-3238-7678　FAX 03-3238-7638

印刷所　互恵印刷株式会社

ISBN978-4-86376-064-6